梦想成真® 系列辅导丛书

2020年度全国会计专业技术资格考试

经济法基础

历年真题全解

■ 中华会计网校 编

感恩20年相伴 助你梦想成真

北京理工大学出版社
BEIJING INSTITUTE OF TECHNOLOGY PRESS

版权专有　侵权必究

图书在版编目（CIP）数据

经济法基础历年真题全解/中华会计网校编．—北京：北京理工大学出版社，2019.12
　　ISBN 978-7-5682-7993-2

　　Ⅰ.①经… Ⅱ.①中… Ⅲ.①经济法—中国—资格考试—题解 Ⅳ.①D922.29-44

中国版本图书馆 CIP 数据核字（2019）第 276294 号

出版发行 / 北京理工大学出版社有限责任公司
社　　址 / 北京市海淀区中关村南大街 5 号
邮　　编 / 100081
电　　话 / （010）68914775（总编室）
　　　　　　（010）82562903（教材售后服务热线）
　　　　　　（010）68948351（其他图书服务热线）
网　　址 / http://www.bitpress.com.cn
经　　销 / 全国各地新华书店
印　　刷 / 定州启航印刷有限公司
开　　本 / 787 毫米×1092 毫米　1/16
印　　张 / 11.5　　　　　　　　　　　　责任编辑 / 高　芳
字　　数 / 269 千字　　　　　　　　　　　文案编辑 / 胡　莹
版　　次 / 2019 年 12 月第 1 版　2019 年 12 月第 1 次印刷　责任校对 / 刘亚男
定　　价 / 29.00 元　　　　　　　　　　　责任印刷 / 李志强

图书出现印装质量问题，请拨打售后服务热线，本社负责调换

前　言

正保远程教育

发展：2000—2020年：感恩20年相伴，助你梦想成真

理念：学员利益至上，一切为学员服务

成果：18个不同类型的品牌网站，涵盖13个行业

奋斗目标：构建完善的"终身教育体系"和"完全教育体系"

中华会计网校

发展：正保远程教育旗下的第一品牌网站

理念：精耕细作，锲而不舍

成果：每年为我国财经领域培养数百万名专业人才

奋斗目标：成为所有会计人的"网上家园"

"梦想成真"书系

发展：正保远程教育主打的品牌系列辅导丛书

理念：你的梦想由我们来保驾护航

成果：图书品类涵盖会计职称、注册会计师、税务师、经济师、财税、实务等多个专业领域

奋斗目标：成为所有会计人实现梦想路上的启明灯

图书特色

历年真题

第一章 总 论

【提示】本书涉及的所有考题均为考生回忆,特此注明。涉及政策变动的考题,已按最新政策调整。

一、单项选择题
1. (2019年)下列各项中,属于营利法人的是( )。
    A. 社会团体   B. 政府机关
    C. 有限责任公司   D. 事业单位

    【本题考核点】营利法人的范围

2. (2019年)下列纠纷中,可以申请仲裁解决的是( )。
    A. 孙某与周某之间的遗产继承纠纷
    B. 卢某与潘某之间的监护权归属纠纷
    C. 韩某与杨某之间的解除收养关系纠纷
    D. 赵某与钱某之间的货物买卖合同纠纷

    【本题考核点】仲裁的适用范围

3. (2019年)根据民事法律制度的规定,在诉讼时效最后一定期间内,因法定障碍不能行使请求权的诉讼时效中止,该期间是( )。

    【本题考核点】诉讼时效期间的中止

• 精选近五年真题,通过真题试练,抓住考试感觉

• 双色旁批,重点巩固,点出本题考核点,加深记忆

历年真题参考答案及详细解析

参考答案及详细解析

一、单项选择题
1. C 【解析】选项C,动产转让所得按照转让动产的企业或者机构、场所所在地确定。
2. D 【解析】采取缩短折旧年限方法的,对纳税人新购置的固定资产,最低折旧年限不得低于税法规定折旧年限的60%。
3. C 【解析】企业发生的公益性捐赠支出,在年度利润总额12%以内的部分,准予在计算应纳税所得额时扣除。其扣除限额为2000×12%＝240(万元),甲公司的公

• 历年真题详解、全解、新解

 举一反三

预付卡

区分标准	记名预付卡	不记名预付卡
	记载持卡人身份信息	不记载持卡人身份信息
单张限额	5000元	1000元

• 巩固常考知识点,增进理解

易错易混

企业会计档案保管期限表

保管年限	会计档案名称
5年	固定资产卡片、固定资产报废清理后保管5年
10年	月度、季度、半年度财务报告、银行存款余额调节表、银行对账单、纳税申报表

• 避开设题陷阱,快速查漏补缺

目录 Contents

第一章	总论	1
	参考答案及详细解析	6
第二章	会计法律制度	10
	参考答案及详细解析	20
第三章	支付结算法律制度	26
	参考答案及详细解析	45
第四章	增值税、消费税法律制度	55
	参考答案及详细解析	77
第五章	企业所得税、个人所得税法律制度	87
	参考答案及详细解析	104
第六章	其他税收法律制度	113
	参考答案及详细解析	127
第七章	税收征收管理法律制度	134
	参考答案及详细解析	141
第八章	劳动合同与社会保险法律制度	145
	参考答案及详细解析	165

深度解析索引

◆ 举一反三 ◆

1	法律行为与法律事件	P6(第 6 题)
2	法律关系的要素	P7(第 2 题)
3	民事诉讼和行政诉讼中公开审理的案件	P8(第 8 题)
4	诉讼时效中止与中断	P9(第 13 题)
5	原始凭证与记账凭证	P21(第 7 题)
6	预付卡	P46(第 6 题)
7	视同销售的各种情况	P78(第 14 题)
8	折扣销售、销售折扣和销售折让的销售额的处理	P79(第 16 题)
9	特殊环节消费税的征收	P83(第 19 题)
10	不征税收入和免税收入的区分	P104(第 10 题)
11	房屋赠与涉及的各税收优惠	P106(第 23 题)
12	不同情况下的土地增值税扣除项目	P128(第 15 题)
13	医疗期	P166(第 5 题)
14	试用期	P167(第 10 题)

◆ 易错易混 ◆

1	企业会计档案保管期限表	P20(第 3 题)
2	非无保留意见的类型	P20(第 4 题)
3	票据权利时效	P45(第 2 题)

I

4	包装物押金与包装物租金 ………………………………… P77（第 3 题）
5	外购应税消费品和委托加工收回的应税消费品已纳税款的扣除…… P83（第21题）
6	三项经费的相关规定 ……………………………………… P106（第24题）
7	个人所得税专项扣除与专项附加扣除 …………………… P107（第 7 题）
8	销售货物收入确认的时间 ………………………………… P108（第18题）
9	房产税计税方法 …………………………………………… P127（第 7 题）
10	房产税的纳税义务发生时间 ……………………………… P131（第 3 题）
11	税收保全与税收强制执行措施 …………………………… P141（第 3 题）
12	劳动合同条款的种类和内容 ……………………………… P165（第 1 题）
13	劳动者可单方面解除劳动合同的情形 …………………… P167（第12题）
14	工伤的判定标准和内容 …………………………………… P168（第17题）
15	加班工资支付标准 ………………………………………… P169（第20题）

第一章 总 论

【提示】本书涉及的所有考题均为考生回忆，特此注明。涉及政策变动的考题，已按最新政策调整。

一、单项选择题

1. (2019年)下列各项中，属于营利法人的是( )。
   A. 社会团体   B. 政府机关
   C. 有限责任公司   D. 事业单位

   〔本题考核点〕营利法人的范围

2. (2019年)下列纠纷中，可以申请仲裁解决的是( )。
   A. 孙某与周某之间的遗产继承纠纷
   B. 卢某与潘某之间的监护权归属纠纷
   C. 韩某与杨某之间的解除收养关系纠纷
   D. 赵某与钱某之间的货物买卖合同纠纷

   〔本题考核点〕仲裁的适用范围

3. (2019年)根据民事法律制度的规定，在诉讼时效最后一定期间内，因法定障碍不能行使请求权的诉讼时效中止，该期间是( )。
   A. 2年   B. 3年
   C. 1年   D. 6个月

   〔本题考核点〕诉讼时效期间的中止

4. (2019年)下列各项中，属于行政处罚的是( )。
   A. 记过   B. 开除
   C. 罚款   D. 降级

   〔本题考核点〕法律责任——行政责任

5. (2019年)下列法律责任的形式中，属于行政责任的是( )。
   A. 驱逐出境   B. 吊销许可证
   C. 剥夺政治权利   D. 消除危险

   〔本题考核点〕法律责任——行政责任

6. (2018年)下列各项中，属于法律行为的是( )。
   A. 爆发战争   B. 发生地震
   C. 签订合同   D. 瓜熟蒂落

   〔本题考核点〕法律事实——法律行为

本题考核点

仲裁机构

7.(2018年)根据《仲裁法》的规定,下列关于仲裁委员会的表述中,正确的是( )。
   A. 相互间具有隶属关系
   B. 隶属于行政机关
   C. 可由当事人自主选定
   D. 按行政区划层层设立

本题考核点

诉讼时效期间

8.(2018年)2017年12月甲公司与乙银行之间发生借款合同纠纷,乙银行请求保护其民事权利的诉讼时效期间不得超过一定期限,该期限为( )。
   A. 3年   B. 5年
   C. 10年   D. 2年

本题考核点

特殊地域管辖

9.(2017年)根据民事诉讼法律制度的规定,下列法院中,对公路运输合同纠纷案件不享有管辖权的是( )。
   A. 原告住所地法院
   B. 被告住所地
   C. 运输目的地
   D. 运输始发地

二、多项选择题

本题考核点

限制民事行为能力人的认定

1.(2019年)下列自然人中,属于限制民事行为能力人的有( )。
   A. 范某,20周岁,有精神障碍,不能辨认自己的行为
   B. 孙某,7周岁,不能辨认自己的行为
   C. 周某,15周岁,系体操队专业运动员
   D. 杨某,13周岁,系大学少年班在校大学生

本题考核点

法律关系的主体

2.(2019年)下列选项中,可以作为法律关系主体的有( )。
   A. 个人独资企业   B. 股份有限公司
   C. 自然人   D. 个体工商户

本题考核点

刑事责任中的主刑

3.(2019年)下列刑事责任形式中,属于主刑的有( )。
   A. 无期徒刑   B. 拘役
   C. 驱逐出境   D. 罚金

本题考核点

法律关系的客体

4.(2018年)下列各项中,属于法律关系的客体的有( )。
   A. 有价证券
   B. 库存商品
   C. 提供劳务行为
   D. 智力成果

5. (2018年)根据《仲裁法》的规定,下列各项中,属于仲裁协议应当具备的内容有( )。
   A. 仲裁事项
   B. 请求仲裁的意思表示
   C. 选定的仲裁员
   D. 选定的仲裁委员会

   本题考核点：仲裁协议的内容

6. (2018年)下列纠纷中,当事人可以提请仲裁的有( )。
   A. 王某和赵某的继承纠纷
   B. 张某与丙公司的商品房买卖纠纷
   C. 甲公司与乙公司的货物保管纠纷
   D. 孙某和李某的离婚纠纷

   本题考核点：仲裁的适用范围

7. (2018年)下列仲裁员中,必须回避审理案件的有( )。
   A. 李某,是案件当事人的股东
   B. 张某,是案件当事人的配偶
   C. 王某,是案件争议所属区域的专家
   D. 赵某,是案件代理律师的父亲

   本题考核点：仲裁裁决

8. (2018年)根据民事诉讼法律制度的规定,下列关于公开审判制度的表述中,正确的有( )。
   A. 涉及商业秘密的民事案件,当事人申请不公开审理的,可以不公开审理
   B. 不论民事案件是否公开审理,一律公开宣告判决
   C. 涉及国家秘密的民事案件应当不公开审理
   D. 涉及个人隐私的民事案件应当不公开审理

   本题考核点：公开审判制度

9. (2018年)下列法律责任形式中,属于民事责任形式的有( )。
   A. 支付违约金   B. 罚金
   C. 恢复原状   D. 罚款

   本题考核点：民事责任

10. (2017年)根据《仲裁法》的规定,下列关于仲裁协议效力的表述中,正确的有( )。
    A. 合同的变更、解除、终止或者无效,不影响仲裁协议的效力
    B. 当事人口头达成的仲裁协议有效
    C. 仲裁协议对仲裁事项或者仲裁委员会没有约定或者约定不明确,当事人又达不成补充协议的,仲裁协议无效

    本题考核点：仲裁协议的效力

D. 当事人对仲裁协议的效力有异议的,可以请求人民法院做出裁定

11. (2017年)行政复议机关决定撤销,变更或者确认该具体行政行为违法的有( )。
   A. 被申请人的具体行政行为超越职权的
   B. 被申请人的具体行政行为证据不足的
   C. 被申请人的具体行政行为明显不当的
   D. 被申请人的具体行政行为适用依据错误的

12. (2016年)根据民事法律制度规定,属于法律行为的有( )。
   A. 订立合同   B. 销售货物
   C. 发生海啸   D. 签发支票

13. (2015年)根据民事诉讼法律制度的规定,有关诉讼中止和中断的表述中,正确的有( )。
   A. 当事人提起诉讼是中断事由之一
   B. 引起中断的原因发生,已过的诉讼时效全部归于无效
   C. 当事人一方同意履行,是中止事由之一
   D. 引起中止原因消除,诉讼时效继续计算

三、判断题

1. (2019年)法是统治阶级的国家意志的表现。( )
2. (2019年)仲裁委员会按区域层层设立。( )
3. (2019年)行政复议决定书一经作出,即发生法律效力。( )
4. (2019年)对行政机关人员作出的行政处分不服的,向人民法院提起诉讼的,人民法院不予受理。( )
5. (2019年)附加刑可以同主刑一起使用,还可以单独使用。( )
6. (2018年)对终审民事判决,当事人不得上诉。( )
7. (2018年)审理民事案件,除涉及商业秘密的以外,应当公开进行。( )
8. (2018年)行政复议机关受理行政复议申请,不得向申请人收取任何费用。( )
9. (2017年)平等民事主体的当事人之间发生经济纠纷时,当事人达成的有效仲裁协议可排除法院的管辖权。( )
10. (2017年)因确认股东资格纠纷引起的民事诉讼,由公司

住所地人民法院管辖。( )
11. (2017年)人民法院审理行政赔偿案件,可以进行调解。
( )
12. (2016年)行政复议的举证责任,由申请人承担。 ( )
13. (2016年)行政赔偿、补偿以及行政机关行使法律、法规规定的自由裁量权的行政诉讼案件可以调解。 ( )
14. (2015年)申请人申请行政复议,可以书面申请,也可以口头申请。 ( )

判断题考核点

11. 行政诉讼的审理与判决

12. 行政复议决定

13. 行政诉讼的审理与判决

14. 行政复议的申请和受理

参考答案及详细解析

一、单项选择题

1. C 【解析】选项C，营利法人包括有限责任公司、股份有限公司和其他企业法人等；选项AD，非营利法人包括事业单位、社会团体、基金会、社会服务机构等；选项B，机关法人、农村集体经济组织法人、城镇农村的合作经济组织法人、基层群众性自治组织法人为特别法人。

2. D 【解析】婚姻、收养、监护、扶养、继承纠纷不能提请仲裁。

3. D 【解析】在诉讼时效期间的最后6个月内，因法定障碍，不能行使请求权的，诉讼时效中止。

4. C 【解析】选项ABD属于行政处分。

5. B 【解析】驱逐出境和剥夺政治权利，属于刑事责任中的附加刑，选项AC错误；消除危险属于民事责任，选项D错误。

6. C 【解析】选项ABD属于法律事件。

法律行为与法律事件

法律事实	
法律事件	法律行为
法律事件是指不以当事人的主观意志为转移，能够引起法律关系发生、变更和消灭的法定情况或者现象	法律行为是指以法律关系主体意志为转移，能够引起法律后果，即引起法律关系发生、变更和消灭的人们"有意识"的活动
自然现象(自然事件、绝对事件)	社会现象(社会事件、相对事件)	
如地震、洪水、台风、森林大火等自然灾害或者生老病死、意外事故等	如社会变革、战争、重大政策的改变等	

7. C 【解析】仲裁委员会可以在直辖市和省、自治区人民政府所在地的市设立，也可以根据需要在其他设区的市设立，不按行政区划层层设立。仲裁委员会独立于行政机关，与行政机关没有隶属关系。仲裁委员会之间也没有隶属关系。

8. A 【解析】根据《民法总则》的规定，向人民法院请求保护民事权利的诉讼时效间为3年。法律另有规定的，依照其规定。
9. A 【解析】因公路运输纠纷提起的诉讼，由运输始发地、目的地或者被告住所地法院管辖。

二、多项选择题

1. CD 【解析】8周岁以上的未成年人，不能完全辨认自己行为的成年人为限制民事行为能力人；选项AB属于无民事行为能力人。
2. ABCD 【解析】个人独资企业是非法人组织，股份有限公司是营利法人，个体工商户的法律性质就是自然人。

法律关系的要素

项目			内容
主体	自然人	完全民事行为能力人	(1)18周岁以上的自然人是成年人，可以独立进行民事活动，是完全民事行为能力人； (2)16周岁以上的未成年人，以自己的劳动收入为主要生活来源的，视为完全民事行为能力人
		限制民事行为能力人	(1)8周岁以上的未成年人(包括"8周岁")； (2)不能辨认自己行为的成年人
		无民事行为能力人	(1)不满8周岁的未成年人(不包括"8周岁")； (2)不能完全辨认自己行为的成年人和未成年人
	组织	法人 营利法人	有限责任公司、股份有限公司和其他企业法人
		非营利法人	事业单位、社会团体、基金会、社会服务机构
		特别法人	机关法人、农村集体经济组织法人、城镇农村的合作经济组织法人、基层群众性自治组织法人
		非法人	个人独资企业、合伙企业
	国家		可以成为国际公法关系的主体，也可以成为对外贸易关系中的债权人与债务人
内容			法律关系主体所享有的权利和承担的义务
客体			法律关系主体的权利和义务所指向的对象 (1)物；(2)人身、人格；(3)精神产品；(4)行为(行为结果)

3. AB 【解析】主刑包括：管制、拘役、有期徒刑、无期徒刑、死刑，选项AB正确。

4. ABCD 【解析】法律关系的客体主要包括物(选项 AB)、人身人格、精神产品(选项 D)和行为(选项 C)。

5. ABD 【解析】仲裁协议应当具有下列内容：(1)请求仲裁的意思表示；(2)仲裁事项；(3)选定的仲裁委员会。

6. BC 【解析】婚姻、收养、监护、扶养、继承纠纷不能提请仲裁。

7. ABD 【解析】仲裁员有下列情形之一的，应当回避，当事人也有权以口头或者书面方式提出回避申请：①是本案当事人或者当事人、代理人的近亲属的(选项 BD)；②与本案有利害关系的；③与本案当事人、代理人有其他关系，可能影响公正裁决的(选项 A)；④私自会见当事人、代理人，或者接受当事人、代理人请客送礼的。

8. ABCD

民事诉讼和行政诉讼中公开审理的案件

民事诉讼：国家秘密、个人隐私和法律另有规定的案件是法定不公开审理。离婚案件，商业秘密的案件是依申请不公开审理。

行政诉讼：国家秘密、个人隐私和法律另有规定的案件是法定不公开审理，商业秘密案件是依申请不公开审理。

9. AC 【解析】民事责任：停止侵害、排除妨碍、消除危险、返还财产、恢复原状(选项 C)、修理、重作、更换、继续履行、赔偿损失、支付违约金(选项 A)、消除影响、恢复名誉、赔礼道歉。选项 B 罚金属于刑事责任。选项 D 罚款属于行政责任。

10. ACD 【解析】仲裁协议应当以书面形式订立，口头达成仲裁的意思表示无效。选项 B 错误。

11. ABCD 【解析】具体行政行为有下列情形之一的，行政复议机关应决定予以撤销、变更或者确认其违法：①主要事实不清、证据不足的；②适用依据错误的；③违反法定程序的；④超越或者滥用职权的；⑤具体行政行为明显不当的。

12. ABD 【解析】选项 C 属于法律事件。

13. ABD 【解析】当事人一方同意履行，是诉讼时效中断的情形之一，不是诉讼时效中止的情形。选项 C 错误。

举一反三

诉讼时效中止与中断

项目	诉讼时效中止	诉讼时效中断
发生时间	诉讼时效期间的最后6个月	诉讼时效进行中的任意时点
法定事由	(1)不可抗力;(2)无民事行为能力人或者限制民事行为能力人没有法定代理人,或者法定代理人死亡、丧失民事行为能力、丧失代理权;(3)继承开始后未确定继承人或者遗产管理人;(4)权利人被义务人或者其他人控制;(5)其他导致权利人不能行使请求权的障碍	(1)权利人向义务人提出履行请求的;(2)义务人同意履行义务的;(3)权利人提起诉讼或者申请仲裁的;(4)与提起诉讼或者申请仲裁具有同等效力的其他情形
事由消除后的结果	自中止时效的原因消除之日起满6个月,诉讼时效期间届满	从中断时起,诉讼时效期间重新计算

三、判断题

1. √
2. × 【解析】仲裁委员会不按行政区划层层设立。仲裁委员会独立于行政机关,与行政机关没有隶属关系。仲裁委员会之间也没有隶属关系。
3. × 【解析】行政复议决定书一经送达,即发生法律效力。
4. √ 【解析】行政机关对行政机关工作人员的奖惩、任免等决定,不属于行政诉讼的受案范围,可以依法进行申诉。
5. √
6. √ 【解析】对终审判决、裁定,当事人不得上诉。
7. × 【解析】法院审理民事或行政案件,除涉及国家秘密、个人隐私或者法律另有规定的以外,应当公开进行。
8. √
9. √
10. √
11. √ 【解析】人民法院审理行政案件,不适用调解。但是,行政赔偿、补偿以及行政机关行使法律、法规规定的自由裁量权的案件可以调解。
12. × 【解析】行政复议的举证责任,由被申请人承担。
13. √
14. √

第二章 会计法律制度

一、单项选择题

本题考核点
会计工作交接的监交

1. (2019年)根据会计法律制度的规定,下列人员中,负责对会计机构负责人办理会计工作交接手续进行监交的是( )。
   A. 单位法务部负责人　　B. 单位负责人
   C. 单位人事部负责人　　D. 单位档案管理机构负责人

本题考核点
会计档案的保管期限

2. (2019年)根据会计法律制度的规定,下列会计档案中,属于定期保管的是( )。
   A. 会计档案鉴定意见书　　B. 年度财务会计报告
   C. 会计档案保管清册　　　D. 原始凭证

本题考核点
会计档案保管年限

3. (2019年)根据会计法律制度的规定,下列企业会计档案中,应永久保管的是( )。
   A. 会计档案移交清册　　B. 会计档案保管清册
   C. 原始凭证　　　　　　D. 季度财务报告

本题考核点
注册会计师应出具的审计报告类型

4. (2019年)根据会计法律制度的规定,注册会计师已经获取充分、适当的审计证据作为形成审计意见的基础,但认为未发现的错报对财务报表可能影响重大且具有广泛性时,应发表的审计类型是( )。
   A. 无保留意见　　B. 保留意见
   C. 无法表示意见　D. 否定意见

本题考核点
单位内部的会计工作管理

5. (2018年)根据会计法律制度的规定,下列人员中,对本单位的会计工作和会计资料的真实性、完整性负责的是( )。
   A. 总会计师　　　B. 单位负责人
   C. 会计核算人员　D. 单位审计人员

本题考核点
会计核算的内容

6. (2018年)根据会计法律制度规定,下列各项中,不属于会计核算内容的是( )。
   A. 固定资产盘盈　　B. 合同的审核和签订

C. 无形资产的购入　　　D. 货币资金的收入

7. (2018年)根据会计法律制度的规定,下列关于原始凭证的表述中,正确的是( )。

A. 原始凭证必须来源于单位外部

B. 除日期外,原始凭证记载的内容不得涂改

C. 对不真实的原始凭证,会计人员有权拒绝接受

D. 原始凭证金额有错误的,应当由出具单位更正并加盖印章

> 本题考核点
> 原始凭证填制的基本要求

8. (2018年)根据会计法律制度的规定,下列关于账务核对的表述中,不正确的是( )。

A. 保证会计账簿记录与实物及款项的实有数额相符

B. 保证会计账簿记录与年度财务预算相符

C. 保证会计账簿之间相对应的记录相符

D. 保证会计账簿记录与会计凭证的有关内容相符

> 本题考核点
> 账务核对

9. (2018年)甲公司出纳刘某在为员工孙某办理业务时,发现采购发票上所注单价、数量与总金额不符,经查是销货单位填写单价错误,刘某采取的下列措施符合会计法律制度规定的是( )。

A. 由孙某写出说明,并加盖公司公章后入账

B. 将发票退给孙某,由销货单位重新开具发票后入账

C. 按总金额入账

D. 将单价更正后入账

> 本题考核点
> 原始凭证填制的基本要求

10. (2018年)下列选项中不属于不相容职务的是( )。

A. 授权批准与业务经办

B. 业务经办与会计记录

C. 现金日记账与出纳

D. 业务经办与稽核检查

> 本题考核点
> 企业内部控制措施

11. (2018年)对于变造、伪造会计凭证,下列说法正确的是( )。

A. 对单位罚款三千元以上五万元以下

B. 对个人罚款三千元以上五万元以下

C. 对单位罚款五千元以上五万元以下

D. 对个人罚款五千元以上十万元以下

> 本题考核点
> 违反会计法律制度的法律责任

12. (2018年)对因会计违法行为被依法追究刑事责任的会计人员,( )不得从事会计工作。
 A. 终身 B. 5年内
 C. 10年内 D. 15年内

本题考核点
违反会计法律制度的法律责任

13. (2018年)根据会计法律制度的规定,会计人员故意隐匿会计账簿,尚不构成犯罪的,一定期限内不得从事会计工作。该期限为( )。
 A. 5年 B. 2年
 C. 3年 D. 1年

本题考核点
违反会计法律制度的法律责任

二、多项选择题

1. (2019年)根据会计法律制度的规定,下列各项中,属于会计账簿类型的有( )。
 A. 备查账簿 B. 日记账
 C. 明细账 D. 总账

本题考核点
会计账簿的类型

2. (2019年)根据会计法律制度的规定,下列各项中,出纳不得兼任的有( )。
 A. 会计档案保管
 B. 稽核
 C. 收入费用账目的登记工作
 D. 债权债务账目的登记工作

本题考核点
出纳人员不得兼任的岗位

3. (2019年)根据会计法律制度的规定,下列各项中,属于会计档案的有( )。
 A. 原始凭证 B. 记账凭证
 C. 会计账簿 D. 年度预算

本题考核点
会计档案的范围

4. (2019年)单位档案管理机构在接收电子会计档案时,应当对电子档案进行检测,下列各项中,属于应检测的内容有( )。
 A. 可用性 B. 安全性
 C. 准确性 D. 完整性

本题考核点
电子会计档案的移交

5. (2019年)根据会计法律制度的规定,单位下列机构中,应派员监销电子会计档案有( )。
 A. 人事管理部门 B. 信息系统管理部门
 C. 会计管理部门 D. 档案管理部门

本题考核点
电子档案的销毁程序

6. (2019年)根据会计法律制度的规定,下列各项中,属于会计工作岗位的有( )。
   A. 稽核   B. 往来结算
   C. 总账报表   D. 财产物资核算

7. (2019年)根据会计法律制度的规定,下列各项中,属于会计专业技术资格的有( )。
   A. 初级会计师   B. 高级会计师
   C. 注册会计师   D. 中级会计师

8. (2019年、2018年)根据会计法律制度的规定,下列各项中,属于会计职业道德内容的有( )。
   A. 提高技能   B. 强化服务
   C. 廉洁自律   D. 参与管理

9. (2018年)根据会计法律制度的规定,下列各项中,属于会计核算内容的有( )。
   A. 资本、基金的增减
   B. 财务成果的计算和处理
   C. 款项和有价证券的收付
   D. 债权债务的发生和结算

10. (2018年)根据会计法律制度的规定,使用电子计算机进行会计核算的,下列各项中,应当符合国家统一的会计制度规定的有( )。
    A. 计算机操作系统
    B. 会计软件
    C. 计算机生成的会计资料
    D. 对使用计算机生成的会计账簿的登记和更正

11. (2018年)根据会计法律制度的规定,下列关于单位之间会计档案交接的表述中,正确的有( )。
    A. 电子会计档案应当与其元数据一并移交
    B. 档案接受单位应当对保存电子会计档案的载体和其技术环境进行检验
    C. 交接双方的单位有关负责人负责监督会计档案交接
    D. 交接双方经办人和监督人应当在会计档案移交清册上签名或盖章

本题考核点
会计档案的归档

12.（2018年）根据会计法律制度的规定，单位下列资料中，应当按照会计档案归档的有（ ）。
A. 固定资产卡片　　　　B. 纳税申报表
C. 年度预算方案　　　　D. 年度财务工作计划

本题考核点
企业内部控制措施

13.（2018年）根据会计法律制度的规定，企业不相容职务应当相互分离，下列各项中，属于企业不相容职务的有（ ）。
A. 授权批准与监督检查
B. 授权批准与业务经办
C. 业务经办与稽核检查
D. 会计记录与财产保管

本题考核点
单位内部控制制度

14.（2018年）根据会计法律制度的规定，下列各项中，属于小企业建立与实施内部控制应遵循的原则有（ ）。
A. 风险导向原则
B. 实质重于形式原则
C. 成本效益原则
D. 适应性原则

本题考核点
总会计师

15.（2018年改）根据会计法律制度的规定，下列关于总会计师地位的表述中，正确的有（ ）。
A. 是单位内部审计机构负责人
B. 是单位会计机构负责人
C. 直接对单位主要行政领导人负责
D. 是单位行政领导成员

本题考核点
代理记账机构及其从业人员的义务

16.（2018年）根据会计法律制度的规定，下列关于代理记账机构及其从业人员义务表述中，正确的有（ ）。
A. 对执行代理记账业务中知悉的商业秘密予以保密
B. 拒绝委托人提供不实会计资料的要求
C. 对委托人提出的有关会计处理相关问题予以解释
D. 拒绝委托人作出不当会计处理的要求

三、判断题

判断题考核点
1. 会计职业道德与会计法律制度的区别
2. 记账本位币

1.（2019年、2018年）会计法律制度是对会计职业道德的最低要求。（ ）

2.（2019年、2018年）以人民币以外的货币作为记账本位币的单位，编制财务会计报表时应当折算为人民币。（ ）

3. (2019年)国有企业应当至少每年一次向本企业的职工代表大会公布财务会计报告。（　）

4. (2019年)从事会计工作2年且具有助理会计师专业技术资格人员,可担任单位会计机构负责人。（　）

5. (2019年)用涂改或挖补手段改变会计凭证和会计账簿真实内容的行为是伪造会计资料行为。（　）

6. (2019年)代理记账公司可经委托人授权向税务机关提供税务资料。（　）

7. (2019年)代理记账公司能够接受委托人委托对外出具财务会计报告。（　）

8. (2018年)会计核算必须根据实际发生的经济业务事项进行。（　）

9. (2018年)会计核算以公历每年7月1日起至次年6月30日止为一个会计年度。（　）

10. (2018年)业务收支以人民币以外的货币为主的单位,可以选定其中一种货币作为记账本位币,但对外报出的财务会计报告应当折算为人民币。（　）

11. (2018年)单位合并后一方存续其他方解散的,各单位的会计档案应由存续方统一保管。（　）

12. (2018年)会计档案销毁之后,监销人应该在销毁清册上签名和盖章。（　）

13. (2018年)会计人员伪造、变造会计凭证、会计账簿,编制虚假财务会计报告,尚不构成犯罪的,5年不得从事会计相关工作。（　）

14. (2018年)委托人委托代理记账机构代理记账,可以订立口头委托合同。（　）

15. (2018年)国有企业、事业单位、股份制企业必须设置总会计师。（　）

四、**不定项选择题**

1. (2018年)2017年2月,甲公司会计机构负责人组织会计人员对纸质及电子会计资料进行整理,移交给甲公司档案管理机构。
2018年2月,甲公司档案管理机构负责人组织相关机构对已到保管期限的会计档案进行鉴定。对确无保存价值可以

判断题考核点

3. 财务会计报告
4. 会计岗位的设置要求
5. 伪造会计资料的行为
6. 代理记账可以接受委托办理的业务
7. 代理记账的业务范围
8. 会计核算基本要求
9. 会计年度
10. 记账本位币
11. 单位合并情况下的会计档案保管
12. 会计档案的销毁
13. 违反会计法律制度的法律责任
14. 委托人、代理记账机构及其从业人员各自的义务
15. 总会计师

本题考核点

会计档案归档、会计档案的移交、会计档案的鉴定与销毁

销毁的会计档案，由档案管理员编制会计档案销毁清册，经相关人员签署意见后销毁。

要求：根据上述资料，不考虑其他因素，分析回答下列小题。

(1) 甲公司下列会计资料中，应当按照会计档案归档的是( )。

A. 纳税申报表　　　　　B. 财务会计报告

C. 年度财务预算　　　　D. 银行对账单

(2) 关于甲公司移交会计档案的下列表述中，正确的是( )。

A. 纸质会计档案移交时应当拆封整理重新封装

B. 接收电子会计档案时，应当对其准确性、完整性、可用性、安全性进行检验

C. 电子会计档案移交时应当将电子会计档案及其元数据一并移交

D. 应当编制会计档案移交清册

(3) 关于甲公司对会计档案鉴定的下列表述中，正确的是( )。

A. 会计档案鉴定工作应当由单位会计机构牵头

B. 会计档案鉴定工作由会计、审计、纪检监察、档案等机构或人员共同进行

C. 应当定期对已到保管期限的会计档案进行鉴定

D. 鉴定后认为仍需继续保存的会计档案，应当重新划定保管期限

(4) 除档案管理机构经办人外，还应当在会计档案销毁清册上签署意见的是( )。

A. 法定代表人

B. 档案管理机构负责人

C. 会计机构经办人

D. 会计机构负责人

2. (2018年)2017年2月，某国有企业甲公司聘任赵某、钱某担任公司出纳。分别兼任固定资产卡片登记、会计档案保管。钱某为会计机构负责人吴某的儿媳。

2017年9月，钱某休产假，按程序将出纳工作交与赵某，

将会计档案保管交与负责稽核工作的会计人员孙某并分别办理工作交接手续。

2017年10月,赵某审核原始凭证时发现所收乙公司开具的两张发票有问题。W发票金额的大小写不一致,Y发票商品名称出现错误。

2018年2月,孙某将会计凭证等会计资料整理归档立卷,编制会计报告清册,请示吴某将档案移交档案管理部门。

要求:根据上述资料,不考虑其他因素,分析回答下列小题。

(1)甲公司的下列会计工作岗位设置中,不符合法律规定的是( )。

A. 聘用赵某担任公司出纳

B. 钱某兼任会计档案保管工作

C. 赵某兼任固定资产卡片管理工作

D. 聘用钱某担任公司出纳

(2)关于会计人员钱某和赵某、孙某办理工作交接的下列表述中,正确的是( )。

A. 移交后赵某应另立新账进行会计记录

B. 每项工作的移交清册一式三份,交接双方各执一份,存档一份

C. 移交由交接双方和监交人签名或盖章

D. 由吴某进行监交

(3)赵某拟对W、Y发票的下列处理方式中,符合法律制度规定的是( )。

A. 要求乙公司重开W发票

B. 要求乙公司就Y发票商品名称填写错误出具书面说明并由乙公司加盖公章

C. 在Y发票上对记载的商品名称直接更正

D. 要求乙公司重新开具Y发票

(4)关于会计档案保管和移交的下列表述中正确的是( )。

A. 会计档案可由甲公司会计档案管理机构临时保管1年,再移交其档案管理机构保存

B. 会计档案的保管期是从会计年度终了后的第一天算起

C. 甲公司会计档案机构临时保管会计档案最长不超过3年

D. 会计档案因工作需要确需推迟移交的，应当经甲公司档案管理机构同意

3. （2018年）2017年1月，甲公司一批会计档案保管期满。其中有尚未结清的债权债务原始凭证。甲公司档案管理机构请会计机构负责人张某及相关人员在会计档案销毁清册上签署意见，将该批会计档案全部销毁。

2017年9月，出纳郑某调岗，与接替其工作的王某办理了会计工作交接。

2017年12月，为完成利润指标，会计机构负责人张某采取虚增营业收入等方法，调整了财务会计报告，并经法定代表人周某同意，向乙公司提供了未经审计的财务会计报告。

要求：根据上述资料，不考虑其他因素，分析回答下列小题。

（1）关于甲公司销毁会计档案的下列表述中，正确的是（　）。

　　A. 档案管理机构负责人应在会计档案销毁清册上签署意见

　　B. 法定代表人周某应在会计档案销毁清册上签署意见

　　C. 保管期满但未结清的债权债务原始凭证不得销毁

　　D. 会计机构负责人张某不应在会计档案销毁清册上签署意见

（2）下列关于会计人员郑某与王某交接会计工作的表述中，正确的是（　）。

　　A. 移交完毕，王某可自行另立新账进行会计记录

　　B. 应由会计机构负责人张某监交

　　C. 郑某与王某应按移交清册逐项移交，核对点收

　　D. 移交完毕，郑某与王某以及监交人应在移交清册上签名或盖章

（3）关于甲公司向乙公司提供财务会计报告的下列表述中，正确的是（　）。

　　A. 会计机构负责人张某应在财务会计报告上签名并盖章

　　B. 主管会计工作的负责人应在财务会计报告上签名并盖章

　　C. 法定代表人周某应在财务会计报告上签名并盖章

　　D. 财务会计报告经注册会计师审计后才能对乙公司提供

（4）关于会计机构负责人张某采取虚增营业收入等方法调

本题考核点

会计档案销毁、会计工作交接、财务会计报告、违反会计法律制度的法律责任

整财务会计报告行为性质及法律后果的下列表述中，正确的是(　　)。
A. 可对张某处以行政拘留
B. 该行为属于编制虚假财务会计报告
C. 可对张某处以罚款
D. 张某 5 年之内不得从事会计工作

参考答案及详细解析

一、单项选择题

1. B 【解析】一般会计人员办理交接手续,由会计机构负责人(会计主管人员)监交;会计机构负责人(会计主管人员)办理交接手续,由单位负责人监交,必要时主管单位可以派人会同监交。

   【思路点拨】亲,本题的关键字是"会计机构负责人",交接人不同,则监交人不同。

2. D 【解析】选项 ABC,属于永久保存的会计档案。

3. B 【解析】选项 AC,会计档案移交清册、原始凭证保管 30 年;选项 D,季度财务报告保管 10 年。

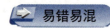

企业会计档案保管期限表

保管年限	会计档案名称
5 年	固定资产卡片,固定资产报废清理后保管 5 年
10 年	月度、季度、半年度财务报告、银行存款余额调节表、银行对账单、纳税申报表
30 年	会计档案移交清册、会计凭证、会计账簿等
永久	年度财务报告、会计档案保管清册、会计档案销毁清册、会计档案鉴定意见书

4. D 【解析】在获取充分、适当的审计证据以作为形成审计意见的基础,但认为未发现的错报(如存在)对财务报表可能产生的影响重大且具有广泛性,注册会计师应当发表的审计类型是否定意见。

非无保留意见的类型

类型	内容	审计证据获取情况
保留意见	影响重大,但不具有广泛	包括获取和无法获取充分、适当的审计证据
否定意见	影响重大且具有广泛性时	获取充分、适当的审计证据
无法表示意见	影响重大且具有广泛性	无法获取充分、适当的审计证据

5. B 【解析】单位负责人应当对本单位的会计工作和会计资料的真实性和完整性负责。

【思路点拨】亲，这里一定要注意，是"单位负责人"，而不是"会计核算人员""总会计师"。

6. B 【解析】对于(1)款项和有价证券的收付；(2)财物的收发、增减和使用；(3)债权债务的发生和结算；(4)资本、基金的增减；(5)收入、支出、费用、成本的计算(选项 ACD)；(6)财务成果的计算和处理；(7)需要办理会计手续、进行会计核算的其他事项，均应当办理会计手续、进行会计核算。

7. C 【解析】原始凭证既有来自单位外部的，也有单位自制的，选项 A 错误。原始凭证记载的各项内容均不得涂改，选项 B 错误。会计机构、会计人员必须按照国家统一的会计制度的规定对原始凭证进行审核，对不真实、不合法的原始凭证有权不予接受，并向单位负责人报告，选项 C 正确。原始凭证金额有错误的，应当由出具单位重开，不得在原始凭证上更正，选项 D 错误。

原始凭证与记账凭证

项目		内容
原始凭证 (单据)	取得	由业务经办人员直接取得或填制
	用途	表明经济业务已经发生或完成情况，明确有关经济责任
	审核	会计机构、会计人员必须按照国家统一会计制度的规定对原始凭证进行审核 (1)对不真实、不合法的原始凭证有权不予接受，并向单位负责人报告； (2)对记载不准确、不完整的原始凭证予以退回，并要求经办人员按照国家统一的会计制度的规定进行更正、补充
	错误更正	原始凭证所记载的各项内容均不得涂改 原始凭证内容有错误的，应由开具单位重开或更正，并在"更正处"加盖"出具单位印章" 原始凭证"金额"出现错误的，不得更正，只能由出具单位重新开具
记账凭证 (传票)	用途	分类归纳原始凭证；登记会计账簿
		除结账和更正错误记账凭证外，记账凭证必须附有原始凭证
		一张原始凭证所列支出需要几个单位共同负担的，应当将其他单位负担的部分，开给对方原始凭证分割单，进行结算。原始凭证分割单必须具备原始凭证的基本内容和费用分摊情况等

8. B 【解析】《会计法》规定,各单位应当定期将会计账簿记录与实物、款项及有关资料相互核对,保证会计账簿记录与实物及款项的实有数额相符(选项A)、会计账簿记录与会计凭证的有关内容相符(选项D)、会计账簿之间相对应的记录相符(选项C)、会计账簿记录与会计报表的有关内容相符。不包括与年度财务预算的核对。

9. B 【解析】原始凭证金额有错误的,应当由出具单位重开,不得在原始凭证上更正。

【思路点拨】亲,原始凭证有错误,可以分为可修改的错误和不可修改的错误,"与金额相关"的错误,是不可修改的,如果是发票,则需要重新开具。

10. C 【解析】不相容职务主要包括:授权批准与业务经办(选项A)、业务经办与会计记录(选项B)、会计记录与财产保管、业务经办与稽核检查(选项D)、授权批准与监督检查等。

11. B 【解析】伪造、变造会计凭证、会计账簿,编制虚假财务会计报告,构成犯罪的,依法追究刑事责任。尚不构成犯罪的,由县级以上人民政府财政部门予以通报,可以对单位并处5000元以上10万元以下的罚款;对其直接负责的主管人员和其他直接责任人员,可以处3000元以上5万元以下的罚款;属于国家工作人员的,还应当由其所在单位或者有关单位依法给予撤职直至开除的行政处分;其中的会计人员,五年内不得从事会计工作。

12. A 【解析】因有提供虚假财务会计报告,做假账,隐匿或者故意销毁会计凭证、会计账簿、财务会计报告,贪污,挪用公款,职务侵占等与会计职务有关的违法行为被依法追究刑事责任的人员,不得再从事会计工作。

13. A 【解析】隐匿或者故意销毁依法应当保存的会计凭证、会计账簿、财务会计报告,其中的会计人员,五年内不得从事会计工作。

二、多项选择题

1. ABCD 【解析】会计账簿的种类主要有总账、明细账、日记账、备查账。

2. ABCD 【解析】出纳人员不得兼职稽核、会计档案保管和收入、支出、费用、债权债务账目的登记工作。

3. ABC 【解析】预算、计划、制度等文件材料,应当执行文书档案管理规定,不属于会计档案。

4. ABCD 【解析】单位档案管理机构接收电子会计档案时,应当对电子会计档案的准确性、完整性、可用性、安全性进行检测,符合要求的才能接收。

5. BCD 【解析】电子会计档案的销毁应当符合国家有关电子档案的规定,并由单位档案管理机构、会计管理机构和信息系统管理机构共同派员监销。

6. ABCD 【解析】会计工作岗位一般可分为:会计机构负责人或者会计主管人员、

第二章 会计法律制度

出纳、财产物资核算、工资核算、成本费用核算、财务成果核算、资金核算、往来结算、总账报表、稽核、档案管理等。

7. ABD 【解析】选项 C，注册会计师不属于会计专业技术资格。

   【思路点拨】亲，除了"注册会计师"，"总会计师"也不属于会计专业技术资格。

8. ABCD 【解析】会计职业道德主要包括爱岗敬业、诚实守信、廉洁自律、客观公正、坚持准则、提高技能、参与管理、强化服务八个方面的内容。

9. ABCD 【解析】对于款项和有价证券的收付，财物的收发、增减和使用，债权债务的发生和结算，资本、基金的增减，收入、支出、费用、成本的计算，财务成果的计算和处理，以及需要办理会计手续、进行会计核算的其他事项，均应当办理会计手续、进行会计核算。

10. BCD 【解析】使用电子计算机进行会计核算的，其软件(选项 B)及其生成的会计凭证、会计账簿、财务会计报告和其他会计资料(选项 C)，必须符合国家统一的会计制度的规定。使用电子计算机进行会计核算的，其会计账簿的登记、更正(选项 D)，应当符合国家统一的会计制度的规定。不包括对计算机操作系统的规定。

11. ABCD

12. AB 【解析】预算、计划、制度等文件材料，应当执行文书档案管理规定，不属于会计档案。

13. ABCD 【解析】不相容职务主要包括：授权批准与业务经办、业务经办与会计记录、会计记录与财产保管、业务经办与稽核检查、授权批准与监督检查等。

14. ABCD 【解析】小企业建立与实施内部控制，应当遵循下列原则：①风险导向原则；②适应性原则；③实质重于形式原则；④成本效益原则。

15. CD 【解析】总会计师是主管本单位会计工作的行政领导，协助单位主要行政领导人工作，直接对单位主要行政领导人负责。

16. ABCD

三、判断题

1. √
2. √
3. √ 【解析】国有企业、国有控股的或者占主导地位的企业，应当至少每年一次向本企业的职工代表大会公布财务会计报告。
4. × 【解析】担任单位会计机构负责人(会计主管人员)的，应当具备会计师以上专业技术职务资格或者从事会计工作 3 年以上经历。
5. × 【解析】本题描述的是变造会计资料行为，伪造会计资料，旨在以假充真。
6. √

7. √ 【解析】代理记账机构可以接受委托办理下列业务：(1)根据委托人提供的原始凭证和其他资料，按照国家统一的会计制度的规定进行会计核算，包括审核原始凭证、填制记账凭证、登记会计账簿、编制财务会计报告等；(2)对外提供财务会计报告；(3)向税务机关提供税务资料；(4)委托人委托的其他会计业务。

8. √

9. × 【解析】我国是以公历年度为会计年度，即以每年公历的1月1日起至12月31日止为一个会计年度。

10. √

11. √

12. × 【解析】监销人在会计档案销毁前应当按照会计档案销毁清册所列内容进行清点核对；在会计档案销毁后，应当在会计档案销毁清册上签名"或"盖章。

13. √

14. × 【解析】委托人委托代理记账机构代理记账，应当在相互协商的基础上，订立书面委托合同。

15. × 【解析】国有的和国有资产占控股地位或者主导地位的大、中型企业必须设置总会计师，其他单位可以根据业务需要，自行决定是否设置总会计师。

四、不定项选择题

1. (1)ABD；(2)BCD；(3)BCD；(4)ABCD。

【解析】(1)预算、计划、制度等文件材料，应当执行文书档案管理规定，不属于会计档案。选项C错误。

(2)纸质会计档案移交时应当保持原卷的封装。选项A错误。

(3)会计档案鉴定工作应当由单位档案管理机构牵头。选项A错误。

(4)单位负责人、档案管理机构负责人、会计管理机构负责人、档案管理机构经办人、会计管理机构经办人在会计档案销毁清册上签署意见。

2. (1)BD；(2)BCD；(3)AD；(4)ABCD。

【解析】(1)出纳人员不得兼任稽核、会计档案保管和收入、支出、费用、债权债务账目的登记工作，选项B错误。国有企业的会计机构负责人、会计主管人员的直系亲属不得在本单位会计机构中担任出纳工作，选项D错误。

(2)接替人员应当继续使用移交的会计账簿，不得自行另立新账，以保持会计记录的连续性，选项A错误。

(3)原始凭证记载的各项内容均不得涂改；原始凭证有错误的，应当由出具单位重开或者更正，更正处应当加盖出具单位印章。原始凭证金额有错误的，应当由出具单位重开，不得在原始凭证上更正。

(4)选项ABCD的说法均正确。

3. (1)ABC；(2)BCD；(3)ABC；(4)BCD。

【解析】(1)单位负责人、档案管理机构负责人、会计管理机构负责人、档案管理机构经办人、会计管理机构经办人在会计档案销毁清册上签署意见，选项AB正确，选项D错误。保管期满但未结清的债权债务原始凭证和涉及其他未了事项的会计凭证不得销毁，选项C正确。

(2)接替人员应当继续使用移交的会计账簿，不得自行另立新账，以保持会计记录的连续性，选项A错误。一般会计人员办理交接手续，由会计机构负责人(会计主管人员)监交，选项B正确。移交人员在办理移交时，要按移交清册逐项移交；接替人员要逐项核对点收，选项C正确。交接完毕后，交接双方和监交人要在移交清册上签名或者盖章，选项D正确。

(3)企业对外提供的财务会计报告应当由企业负责人和主管会计工作的负责人、会计机构负责人(会计主管人员)签名并盖章，选项ABC正确。企业对外提供的财务会计报告反映的会计信息应当真实、完整，并不必须经过审计。须经注册会计师审计的，企业应当将注册会计师及其会计师事务所出具的审计报告随同财务会计报告一并对外提供，选项D错误。

(4)编制虚假财务会计报告，对其直接负责的主管人员和其他直接负责人员，可以处3000元以上5万元以下的罚款；属于国家工作人员的，还应当由其所在单位或者有关单位依法给予撤职直至开除的行政处分；其中的会计人员，五年内不得从事会计工作。

第三章 支付结算法律制度

一、单项选择题

本题考核点
银行卡的分类

1. (2019年)根据支付结算法律制度的规定,下列关于银行卡分类的表述中,不正确的是( )。
   A. 按是否具有透支功能分为信用卡和贷记卡
   B. 按币种不同分为外币卡和人民币卡
   C. 按发行对象分为单位卡和个人卡
   D. 按信息载体分为磁条卡和芯片卡

本题考核点
各类票据的权利时效

2. (2019年)根据支付结算法律制度的规定,下列关于票据权利时效的表述中,正确的是( )。
   A. 持票人对支票出票人的权利自出票日起1年
   B. 持票人对银行汇票出票人的权利自出票日起2年
   C. 持票人对前手的追索权自被拒绝承兑或拒绝付款之日起2年
   D. 持票人对商业汇票承兑人的权利自到期日起1年

本题考核点
第三方支付——线上支付方式的范围

3. (2019年)根据支付结算法律制度的规定,下列属于线上支付的是( )。
   A. 网上银行支付　　B. 固定电话支付
   C. 电视支付　　　　D. POS机刷卡支付

本题考核点
票据行为中日期的记载

4. (2019年)根据支付结算法律制度的规定,下列表述中,正确的是( )。
   A. 背书未记载背书日期,背书无效
   B. 承兑未记载承兑日期,承兑无效
   C. 保证未记载保证日期,保证无效
   D. 出票人未记载出票日期,票据无效

本题考核点
签发空头支票的后果

5. (2019年)根据支付结算法律制度的规定,下列关于签发空头支票但尚未构成犯罪行为后果的表述中正确的是( )。

A. 出票人屡次签发空头支票,中国人民银行有权停止其开户银行办理支票业务

B. 出票人不以骗取财产为目的的,应处以票面金额10%但不低于1万元的罚款

C. 出票人不以骗取财产为目的的,持票人有权要求其赔偿支票余额10%的赔偿金

D. 出票人不以骗取财产为目的的,应由中国人民银行给予处罚

6. (2019年)根据支付结算法律制度的规定,下列关于记名预付卡的表述中,正确的是( )。
   A. 可以挂失   B. 有效期最长为3年
   C. 单张限额1万元   D. 不可以赎回

   本题考核点
   预付卡期限和限额的相关规定

7. (2019年)根据支付结算法律制度的规定,失票后持有人可以办理挂失止付的是( )。
   A. 未承兑的商业汇票
   B. 支票
   C. 未填写代理付款行的银行汇票
   D. 转账银行本票

   本题考核点
   挂失止付的票据种类

8. (2019年)刘某在P银行申领了一张信用额度为10000元的银行卡,P银行与刘某约定,刘某需存入备用金5000元,当备用金余额不足支付时,刘某可在10000元的信用额度内透支,该银行卡是( )。
   A. 储蓄卡   B. 借记卡
   C. 贷记卡   D. 准贷记卡

   本题考核点
   银行卡的分类

9. (2019年)根据支付结算法律制度的规定,临时存款账户的有效期最长不得超过一定期限,该期限为( )。
   A. 1年   B. 10年
   C. 5年   D. 2年

   本题考核点
   临时存款账户的最长有效期限

10. (2018年)根据个人银行结算账户实名制的要求,下列人员出具的身份证件中,不属于在境内银行申请开立个人银行账户的有效身份证件是( )。
    A. 20周岁的吴某出具的机动车驾驶证
    B. 定居美国的周某出具的中国护照
    C. 25周岁的王某出具的居民身份证

    本题考核点
    个人银行结算账户中的开户证明文件

D. 15周岁的学生赵某出具的户口簿

11. (2018年)根据支付结算法律制度的规定,下列专用存款账户中,不能支付现金的是( )。
   A. 证券交易结算资金专用存款账户
   B. 社会保障基金专用存款账户
   C. 住房基金专用存款账户
   D. 工会经费专用存款账户

本题考核点：专用存款账户

12. (2018年)甲地为完成棚户区改造工程,成立了W片区拆迁工程指挥部。为发放拆迁户安置资金,该指挥部向银行申请开立的存款账户的种类是( )。
   A. 基本存款账户   B. 临时存款账户
   C. 一般存款账户   D. 专用存款账户

本题考核点：专用存款账户

13. (2018年)根据支付结算法律制度的规定,下列票据中,出票人为银行的是( )。
   A. 银行汇票   B. 现金支票
   C. 银行承兑汇票   D. 商业承兑汇票

本题考核点：票据当事人

14. (2018年)甲公司将一张商业承兑汇票背书转让给乙公司,乙公司于汇票到期日2017年5月10日向付款人请求付款时遭到拒绝,乙公司向甲公司行使追索权的最后日期为( )。
   A. 2017年8月10日   B. 2017年11月10日
   C. 2017年10月10日   D. 2017年6月10日

本题考核点：票据的追索权

15. (2018年)根据支付结算法律制度的规定,下列关于票据追索权行使的表述中,正确的是( )。
   A. 持票人在行使追索权时,不必提供被拒绝承兑或拒绝付款的有关证明
   B. 持票人不得在票据到期前追索
   C. 持票人未按照规定期限将被拒绝付款的事由书面通知前手的,丧失追索权
   D. 持票人可以不按照票据的承兑人、背书人、保证人和出票人的顺序行使追索权

本题考核点：票据的追索权

16. (2018年)下列各项中,可以贴现的是( )。
   A. 现金支票   B. 转账支票
   C. 银行汇票   D. 商业汇票

本题考核点：贴现

第三章 支付结算法律制度

17. (2018年)2017年12月13日,乙公司持一张汇票向承兑银行P银行提示付款,该汇票出票人为甲公司,金额为100万元,到期日为2017年12月12日。已知12月13日,甲公司账户余额为10万元。后又于12月18日存入100万元。P银行拟对该汇票采取的下列处理方式中,正确的是( )。

    A. 于12月18日向乙公司付款100万元
    B. 于12月13日拒绝付款,退回汇票
    C. 于12月13日向乙公司付款100万元
    D. 于12月13日向乙公司付款10万元

    本题考核点：商业承兑汇票的付款

18. (2018年)根据规定,单张记名预付卡资金限额不得超过( )元。

    A. 1000   B. 2000
    C. 5000   D. 10000

    本题考核点：预付卡

19. (2018年)根据支付结算法律制度的规定,下列关于不记名预付卡的表述中,正确的是( )。

    A. 可以挂失   B. 不得设置有效期
    C. 不得使用信用卡购买   D. 可以随时赎回

    本题考核点：预付卡

20. (2018年)根据支付结算法律制度的规定,下列关于个人网上银行业务的表述中,不正确的是( )。

    A. B2B网上支付
    B. 查询银行卡的人民币余额
    C. 查询信用卡网上支付记录
    D. 网上购物电子支付

    本题考核点：个人网上银行子系统

21. (2018年)5月20日,甲报社以汇兑方式向李某支付稿费2000元。下列情形中,甲报社可以申请撤销汇款的是( )。

    A. 银行已经汇出但李某尚未领取
    B. 银行尚未汇出
    C. 银行已向李某发出收账通知
    D. 拒绝领取

    本题考核点：汇兑

22. (2017年)根据支付结算法律制度的规定,关于基本存款账户的下列表述中,不正确的是( )。

    A. 基本存款账户可以办理现金支取业务

    本题考核点：基本存款账户

B. 一个单位只能开立一个基本存款账户
C. 单位设立的独立核算的附属机构不得开立基本存款账户
D. 基本存款账户是存款人的主办账户

本题考核点
个人银行结算账户

23. (2017年)甲拟通过电子渠道申请开立两个个人银行存款账户，根据规定，下列选项中，甲可以成功开立的是( )。
    A. Ⅰ类银行账户和Ⅱ类银行账户
    B. Ⅰ类银行账户和Ⅲ类银行账户
    C. Ⅱ类银行账户和Ⅲ类银行账户
    D. 两个均为Ⅰ类银行账户

本题考核点
个人银行结算账户

24. (2017年)根据支付结算制度，下列说法不符合支付制度的是( )。
    A. Ⅱ类银行为存款人提供购买投资理财产品
    B. Ⅲ类银行为存款人提供限制金额的消费和缴费支付服务
    C. Ⅱ类银行为存款人提供单笔无限额的存取现金服务
    D. Ⅰ类银行为存款人提供购买投资理财产品服务

本题考核点
银行结算账户的管理

25. (2017年)根据支付结算法律制度的规定，关于银行结算账户管理的下列表述中，不正确的是( )。
    A. 存款人可以出借银行结算账户
    B. 存款人不得出租银行结算账户
    C. 存款人应当以实名开立银行结算账户
    D. 存款人不得利用银行结算账户洗钱

本题考核点
银行卡计息与收费

26. (2017年)根据支付结算法律制度的规定，关于信用卡透支利率及利息管理的下列表述中，不正确的是( )。
    A. 透支的计结息方式由发卡机构自主确定
    B. 透支的利率标准由发卡机构与申请人协商确定
    C. 透支利率实行下限管理
    D. 透支利率实行上限管理

本题考核点
预付卡

27. (2017年)根据支付结算法律制度的规定，下列关于预付卡的表述中，正确的是( )。
    A. 记名预付卡的有效期最长为3年
    B. 单张记名预付卡的资金限额不得超过1000元

C. 购卡人可以使用信用卡购买预付卡

D. 预付卡以人民币计价,不具有透支功能

28. (2017年)根据支付结算法律制度的规定,关于预付卡使用的下列表述中,正确的是( )。

    A. 可在发卡机构签约的特约商户中使用

    B. 可向银行账户转移卡内资金

    C. 可用于提取现金

    D. 可用于购买非本发卡机构发行的预付卡

    本题考核点 预付卡

29. (2017年)根据支付结算法律制度的规定,关于票据背书效力的下列表述中,不正确的是( )。

    A. 背书人在票据上记载"不得转让"字样,其后手再背书转让的,原背书人对后手的被背书人不承担保证责任

    B. 背书附有条件的,所附条件不具有票据上的效力

    C. 背书人背书转让票据后,即承担保证其后手所得票据承兑和付款的责任

    D. 背书未记载日期的,属于无效背书

    本题考核点 票据背书

30. (2017年)根据支付结算法律制度的规定,关于票据追索权行使的下列表述中,正确的是( )。

    A. 持票人不得在票据到期前追索

    B. 持票人应当向票据的出票人、背书人、承兑人和保证人同时追索

    C. 持票人在行使追索权时,应当提供被拒绝承兑或拒绝付款的有关证明

    D. 持票人应当按照票据的承兑人、背书人、保证人和出票人的顺序行使追索权

    本题考核点 票据追索权

31. (2017年)根据支付结算法律制度的规定,电子承兑汇票的付款期限自出票日至到期日不能超过一定期限( )。

    A. 1年   B. 3个月

    C. 2年   D. 6个月

    本题考核点 电子承兑汇票

32. (2017年)根据支付结算法律制度的规定,关于银行本票使用的下列表述中,不正确的是( )。

    A. 银行本票的出票人在持票人提示见票时,必须承担付款的责任

    B. 注明"现金"字样的银行本票可以用于支取现金

    本题考核点 银行本票

C. 银行本票只限于单位使用,个人不得使用

D. 收款人可以将银行本票背书转让给被背书人

33. (2017年)根据支付结算法律制度的规定,下列关于结算纪律的表述中,正确的是( )。

A. 银行办理支付结算,不得以任何理由压票

B. 单位和个人办理支付结算,不得以任何理由拒绝付款

C. 银行办理支付结算,可以在支付结算制度之外附加条件

D. 单位和个人办理支付结算,可以签发无资金保证的票据

34. (2016年)下列第三方支付方式中,属于线上支付方式的是( )。

A. 支付宝　　　　　　B. POS机刷卡支付

C. 电话支付　　　　　D. 手机近端支付

35. (2016年)下列属于背书任意记载事项的是( )。

A. "不得转让"字样

B. 背书日期

C. 被背书人名称

D. 背书人签章

36. (2015年)根据支付结算法律制度的规定,持票人取得的下列票据中,须向付款人提示承兑的是( )。

A. 丙公司取得的由P银行签发的一张银行本票

B. 戊公司向Q银行申请签发的一张银行汇票

C. 乙公司收到的由甲公司签发的一张支票

D. 丁公司收到的一张见票后定期付款的商业汇票

37. (2015年)根据票据法律制度的规定,以下票据的付款人不是银行的是( )。

A. 支票　　　　　　　B. 商业承兑汇票

C. 本票　　　　　　　D. 银行本票

38. (2015年)根据支付结算法律制度的规定,票据凭证不能满足背书人记载事项的需要,可以加附粘单。粘单上的第一记载人,应当在票据和粘单的粘接处签章。该记载人是( )。

A. 粘单上第一手背书的被背书人

B. 粘单上最后一手背书的背书人
C. 粘单上第一手背书的背书人
D. 票据持票人

二、多项选择题

1. (2019年)根据支付结算法律制度的规定，下列事项中，签发汇兑凭证必须记载的有(　　)。
   A. 确定的金额　　　　B. 收款人名称
   C. 委托日期　　　　　D. 汇款人签章

   本题考核点：汇兑的必须记载事项

2. (2019年)根据支付结算法律制度的规定，下列关于支票出票的表述中，正确的有(　　)。
   A. 出票人签发的支票金额不得超过其付款时在付款人处实有的存款金额
   B. 出票人不得签发与其预留银行签章不符的支票
   C. 支票上未记载付款行名称的，支票无效
   D. 出票人不得在支票上记载自己为收款人

   本题考核点：支票出票

3. (2019年、2018年)根据票据法律制度的规定，下列各项中，关于票据提示付款期限说法正确的有(　　)。
   A. 银行本票的提示付款期限自出票日起最长10日
   B. 银行汇票的提示付款期限自出票日起10日
   C. 商业汇票的提示付款期限自到期日起10日
   D. 支票的提示付款期限自出票起10日

   本题考核点：票据的提示付款期限

4. (2018年)根据支付结算法律制度的规定，下列关于办理支付结算基本要求的表述中，正确的有(　　)。
   A. 票据上的签章为签名、盖章或者签名加盖章
   B. 结算凭证的金额以中文大写和阿拉伯数码同时记载，二者必须一致
   C. 票据上出票金额、收款人名称不得更改
   D. 票据的出票日期可以使用阿拉伯数码记载

   本题考核点：支付结算的基本要求

5. (2018年)根据支付结算法律制度的规定，下列关于支付结算基本要求的表述中，正确的有(　　)。
   A. 票据和结算凭证上的签章和其他记载事项应当真实，不得伪造、变造
   B. 票据上的出票金额、出票日期、收款人名称不得更改
   C. 票据和结算凭证金额以中文大写和阿拉伯数码同时记

   本题考核点：支付结算的基本要求

载，二者必须一致

D. 票据的出票日期必须用中文大写和阿拉伯数码同时记载，二者必须一致

6. (2018年)下列存款人中，可以申请开立基本存款账户的有( )。

   A. 甲公司　　　　　　B. 丙会计师事务所
   C. 乙大学　　　　　　D. 丁个体工商户

7. (2018年)下列信用卡诈骗活动中，数额较大的，当事人应负刑事责任的有( )。

   A. 郑某冒用他人信用卡
   B. 王某恶意透支信用卡
   C. 吴某使用作废的信用卡
   D. 周某使用伪造的信用卡

8. (2018年)根据支付结算法律制度的规定，关于票据权利时效的下列表述中，不正确的有( )。

   A. 持票人对前手的追索权，自被拒绝承兑或被拒绝付款之日起3个月内不行使的，该权利丧失
   B. 持票人对票据承兑人的权利自票据到期日起6个月内不行使的，该权利丧失
   C. 持票人对支票出票人的权利自出票日起3个月内不行使的，该权利丧失
   D. 持票人对票据权利时效期间内不行使票据权利的，该权利丧失

9. (2018年)根据《票据法》的规定，票据持有人有下列( )情形，不得享有票据权利。

   A. 以欺诈、偷盗、胁迫等手段取得票据的
   B. 明知前手欺诈、偷盗、胁迫等手段取得票据而出于恶意取得票据的
   C. 因重大过失取得不符合《票据法》规定的票据
   D. 自合法取得票据的前手处因赠与取得票据的

10. (2018年)根据支付结算法律制度的规定，下列支票记载事项中，可以授权补记的有( )。

    A. 支票金额　　　　　B. 付款人名称
    C. 出票日期　　　　　D. 收款人名称

11. (2018年)下列关于保证人在票据或者粘单上未记载"被保证人名称"的说法正确的有( )。
   A. 已承兑的票据,承兑人为被保证人
   B. 已承兑的票据,出票人为被保证人
   C. 未承兑的票据,出票人为被保证人
   D. 未承兑的票据,该保证无效

   本题考核点
   票据的保证

12. (2018年)甲公司向P银行申请签发一张银行本票交付乙公司。下列票据事项中,乙公司在收票时应当审查的有( )。
   A. 大小写金额是否一致
   B. 出票金额是否更改
   C. 银行本票是否在提示付款期限内
   D. 收款人是否为乙公司

   本题考核点
   银行本票的出票

13. (2018年)甲公司签发并承兑了一张汇票给乙公司。乙公司将汇票背书转让给丙公司,并在汇票背面记载"不得转让"字样。丙公司又将汇票背书转让给丁公司。丁公司在向甲公司提示付款时遭到拒绝。下列关于该汇票的表述中,正确的有( )。
   A. 甲公司不承担票据责任
   B. 丁公司可以向丙公司行使追索权
   C. 丁公司享有票据权利
   D. 丁公司可以向乙公司行使追索权

   本题考核点
   票据的背书

14. (2018年)2017年12月12日,甲公司持有一张出票人为乙公司,金额为100万元,到期日为2017年12月12日,承兑人为P银行的银行承兑汇票。甲公司于12月12日去P银行提示付款,发现乙公司账户只有存款20万元。P银行拟采取的下列做法中,正确的有( )。
   A. 于2017年12月12日起对乙公司欠款80万元开始计收利息
   B. 于2017年12月12日起向甲公司付款20万元
   C. 于2017年12月12日拒绝付款并出具拒绝付款证明
   D. 于2017年12月12日向甲公司付款100万元

   本题考核点
   银行承兑汇票的付款

本题考核点
银行卡收单业务管理规定

15. (2018年)根据支付结算法律制度的规定,下列关于银行卡收单机构对特约商户管理的表述中,正确的有( )。

   A. 特约商户是单位的,其收单银行结算账户可以使用个人银行结算账户

   B. 对特约商户实行实名制管理

   C. 对实体特约商户与网络特约商户分别进行风险评级

   D. 对实体特约商户收单业务实行本地化经营,不得跨省域开展收单业务

本题考核点
汇兑

16. (2018年)根据支付结算法律制度的规定,下列关于办理汇兑业务的表述中,正确的有( )。

   A. 汇款回单可以作为该笔汇款已转入收款人账户的证明

   B. 汇兑凭证记载的汇款人、收款人在银行开立存款账户的,必须记载其账号

   C. 汇款回单是汇出银行受理汇款的依据

   D. 收款通知单是银行将款项确已转入收款人账户的凭据

本题考核点
委托收款结算

17. (2018年)根据支付结算法律制度的规定,下列债务证明中,办理款项结算可以使用委托收款结算方式的有( )。

   A. 已承兑的商业汇票   B. 支票

   C. 到期的债券   D. 到期的存单

本题考核点
存款人预留银行签章的管理

18. (2017年)根据支付结算法律制度的规定,关于单位存款人申请变更预留银行的单位财务专用章的下列表述中,正确的有( )。

   A. 需提供原预留的单位财务专用章

   B. 需提供单位书面申请

   C. 需重新开立单位存款账户

   D. 可由法定代表人直接办理,也可授权他人办理

本题考核点
银行卡收单业务

19. (2017年)根据支付法律规定,关于银行卡收单业务的下列表述中,正确的有( )。

   A. 特约商户为个体工商户或自然人的,可以使用其同名个人结算账户作为收单银行结算账户

   B. 特约商户使用单位银行结算账户作为收单银行结算账户的,收单机构应当审核其合法拥有该账户的证明文件

   C. 收单机构向特约商户收取服务费由收单机构与特约商户协商确定具体费率

D. 收单机构应当对实体特约商户收单业务进行本地化经营和管理，不得跨省域开展收单业务

20. (2017年)下列主体中，应当向持票人承担票据责任的有( )。

    A. 空头支票出票人的开户行Q银行
    B. 不获承兑的汇票出票人乙公司
    C. 签发银行本票的P银行
    D. 对汇票予以承兑的甲公司

    > 本题考核点
    > 票据责任的承担

21. (2017年)根据支付结算法律制度的规定，下列各项中，属于票据行为的有( )。

    A. 背书   B. 付款
    C. 承兑   D. 出票

    > 本题考核点
    > 票据行为

22. (2017年)根据支付结算法律制度的规定，关于票据追索权行使的下列表述中，正确的有( )。

    A. 持票人收到拒绝证明后，应当将被拒绝事由书面通知其前手
    B. 汇票被拒绝承兑的，持票人可以行使追索权
    C. 持票人可以对出票人、背书人、承兑人和保证人中的任何一人、数人或全体行使追索权
    D. 持票人不能出示拒绝证明或退票理由书的，丧失对全部票据债务人的追索权

    > 本题考核点
    > 票据追索权的行使

23. (2017年)根据支付结算法律制度的规定，下列各项中，属于商业汇票持票人向银行办理贴现必须具备的条件有( )。

    A. 票据未到期
    B. 持票人与出票人或者直接前手之间具有真实的商品交易关系
    C. 持票人是在银行开立有存款账户的企业法人或者其他组织
    D. 票据未记载"不得转让"事项

    > 本题考核点
    > 贴现

24. (2016年)根据支付结算法律制度的规定，下列情形中，存款人应向开户银行提出撤销银行结算账户申请的有( )。

    A. 存款人被宣告破产的
    B. 存款人因迁址需要变更开户银行的

    > 本题考核点
    > 银行结算账户的撤销

C. 存款人被吊销营业执照的

D. 存款人被撤并的

25. (2015年)根据支付结算法律制度的规定,关于填写票据的表述正确的有( )。

A. 收款人名称不得记载规范化简称

B. 出票日期须使用中文大写

C. 金额应以中文大写和阿拉伯数码同时记载,且二者须一致

D. 收款人名称填写错误的应由原记载人更正,并在更正处签章证明

26. (2015年)根据支付结算法律制度的规定,下列选项中,属于票据特征的有( )。

A. 设权证券 B. 提示证券
C. 交付证券 D. 缴回证券

三、判断题

1. (2019年)同一单位的基本存款账户与一般存款账户可以在同一家银行开立。( )

2. (2019年)新入学大学生开立交学费的个人银行结算账户,可由所在大学代理。( )

3. (2019年)付款人对银行承兑汇票可以附条件承兑。( )

4. (2019年)预付卡不具有透支功能。( )

5. (2019年)票据追索权的行使以获得拒绝付款证明或退票理由书等有关证明为前提。( )

6. (2019年)通过手机银行等电子渠道受理开户申请的,银行可为开户申请人开立Ⅰ类账户。( )

7. (2019年)委托收款结算方式在同城和异地均可以使用。( )

8. (2019年)持票人应当按照票据债务人的先后顺序依次行使追索权。( )

9. (2019年)票据伪造和票据变造是欺诈行为,应追究刑事责任。( )

10. (2018年)票据上的签章是签名、盖章或签名加盖章。( )

11. (2018年)结算凭证金额以中文大写和阿拉伯数码同时记

载，二者必须一致，二者不一致的，银行不予受理。（ ）
12. (2018年)在填写票据出票日期时，"10月20日"应写成"壹拾月零贰拾日"。（ ）
13. (2018年)支付结算遵循银行不垫款的原则。（ ）
14. (2018年)个体工商户凭营业执照以字号或经营者姓名开立的银行结算账户纳入单位银行结算账户管理。（ ）
15. (2018年)以胁迫手段取得票据的，不享有票据权利。（ ）
16. (2018年)挂失止付是票据丧失后采取的必经措施。（ ）
17. (2018年)票据被拒绝付款的，持票人只能按票据债务人的顺序对直接前手行使追索权。（ ）
18. (2018年)单张出票金额在300万元以上的银行承兑汇票，出票人可根据实际需求，自由选择纸质汇票或电子汇票。（ ）
19. (2018年)单位或个人签发空头支票的，由其开户银行处以罚款。（ ）
20. (2017年)国内信用证可以支取现金。（ ）
21. (2017年)个人可以通过开立的Ⅰ类银行账户存取现金。（ ）
22. (2017年)汇出银行向汇款人签发的汇款回单是银行将款项确已转入收款人账户的凭据。（ ）
23. (2017年)商业汇票的持票人提示付款的，付款人可以分期付款。（ ）
24. (2017年)甲公司向开户银行P银行申请签发的本票超过提示付款期限后，甲公司申请退款，P银行只能将款项转入甲公司的账户，不能退付现金。（ ）
25. (2016年)在办理汇兑业务时，汇款人对汇出银行尚未汇出的款项可以申请撤销。（ ）

判断题考核点

12. 支付结算的基本要求
13. 支付结算原则
14. 银行结算账户的概念
15. 票据权利的取得
16. 票据权利丧失补救
17. 票据追索权
18. 电子商业汇票
19. 违反支付结算法律制度的责任承担
20. 信用证
21. 个人银行结算账户
22. 汇兑
23. 商业汇票的付款
24. 银行本票
25. 汇兑

四、不定项选择题

1. (2019年)2018年12月10日，W市甲公司向乙公司签发一张金额为10万元的纸质商业汇票用于支付货款。12月11日乙公司向甲公司开户银行P银行申请承兑，P银行受理申请。P银行审查相关资料后给予承兑，但未在汇票上记载承兑日期。2019年3月11日汇票到期，持票人乙公司委

本题考核点

商业汇票的签发、承兑等

托开户银行 Q 银行收取汇票款项。

要求：根据上述资料，不考虑其他因素，分析回答下列小题。

(1)甲公司签发汇票时，下列事项中属于必须记载事项的是( )。

A. 出票人甲公司签章

B. 收款人名称乙公司

C. 付款人名称 P 银行

D. 出票地 W 市

(2)P 银行受理申请承兑该汇票，应当办理的事项是( )。

A. 审查甲公司的资格、资信、合同等

B. 收取承兑手续费

C. 在票据市场基础设施上登记汇票承兑信息

D. 向乙公司签发收到汇票的回单

(3)该汇票的承兑日期是( )。

A. 2018 年 12 月 11 日

B. 2018 年 12 月 13 日

C. 2018 年 12 月 10 日

D. 2018 年 12 月 12 日

(4)乙公司委托 Q 银行收取汇票款项应当办理的事项是( )。

A. 在委托收款凭证上记载付款人为 P 银行

B. 将填写好的委托收款凭证与汇票一并提交 Q 银行

C. 在委托收款凭证上签章

D. 在委托收款凭证上记载收款人为乙公司

本题考核点

银行结算账户

2. (2019年)2018 年 10 月甲公司法定代表人王某在 P 银行为本公司开立了基本存款账户，同时本人在 P 银行申领一张借记卡。2018 年 11 月甲公司在 Q 银行开立单位人民币卡账户并转入资金，2018 年 12 月甲公司发生 4 笔业务，收到现金货款 2 万元、支付原材料采购款 6 万元、支付劳务费 4 万元、提取周转现金 1 万元。

已知：各账户存款余额充足。

要求：根据上述资料，不考虑其他因素，分析回答下列小题。

(1)王某在 P 银行申请开立甲公司存款账户的下列事项中，正确的是( )。

A. 代表甲公司与 P 银行签订银行结算账户管理协议

B. 填写开户申请书

C. 向 P 银行出具甲公司营业执照正本

D. 在开户申请书上加盖甲公司公章

(2)甲公司通过 P 银行存款账户可以办理的业务是( )。

A. 提取现金 1 万元

B. 支付劳务费 4 万元

C. 支付原材料采购款 6 万元

D. 存入现金货款 2 万元

(3)王某使用其个人借记卡可以办理的业务是( )。

A. 购买 P 银行理财产品 10 万元

B. 存入甲公司的现金货款 2 万元

C. 在商场刷卡消费 1 万元

D. 在 ATM 机上一次性提取现金 5 万元

(4)下列关于甲公司 Q 银行账户的表述中，正确的是( )。

A. 可以存入现金货款 2 万元

B. 可以从甲公司 P 银行存款账户转入资金 10 万元

C. 可以支付劳务费 4 万元

D. 可以提取周转现金 1 万元

3. (2018 年)2016 年 7 月 8 日，甲公司为支付 50 万元货款向乙公司签发并承兑一张定日付款的商业汇票，汇票到期日为 2017 年 1 月 8 日。乙公司将该商业汇票背书转让给丙公司，并记载"不得转让"字样。丙公司再次将该汇票转让给丁公司，丁公司将汇票背书转让给戊公司。戊公司在提示付款期内向甲公司提示付款遭到拒绝，遂向前手发起追索。

要求：根据上述资料，不考虑其他因素，分析回答下列小题。

(1)下列甲公司签发并承兑商业汇票的记载事项中，必须记载的是( )。

A. 出票日期"贰零壹陆年柒月零捌日"

B. 票据金额 50 万元

本题考核点

商业汇票的记载事项、背书、提示付款及追索权

C. 收款人乙公司

D. 付款人甲公司签章

(2)下列关于乙公司记载"不得转让"字样法律效力的表述中，正确的是( )。

A. "不得转让"记载不具有票据法上的效力

B. 乙公司对丁公司不负保证责任

C. 丙公司向丁公司转让票据的行为无效

D. 乙公司对戊公司不负保证责任

(3)戊公司应自2017年1月8日起一定期限内向甲公司提示付款，该期限为( )。

A. 3日　　　　　　　　　B. 10日

C. 7日　　　　　　　　　D. 15日

(4)下列关于戊公司行使追索权的表述中，正确的是( )。

A. 戊公司有权向甲公司行使追索权

B. 戊公司有权向丁公司行使追索权

C. 戊公司只能向丁公司行使追索权

D. 戊公司有权向乙公司行使追索权

本题考核点

票据的保证、追索权

4. (2018年)2017年1月3日，甲公司签发并承兑一张收款人为乙公司、票面金额为80万元的汇票交付乙公司，当日乙公司将汇票背书转让给丙公司用于支付货款。而后，丙公司又将汇票背书转让给丁公司，丁公司要求提供保证，戊公司和己公司应丙公司请求办理了票据保证相关手续，但未在票据上记载被保证人名称。汇票到期日，丁公司向甲公司提示付款遭到拒绝，丁公司拟行使追索权以保障票据权利。

要求：根据上述材料，不考虑其他因素，分析回答下列小题。

(1)下列事项中，属于戊公司在票据或粘单上必须记载的是( )。

A. 戊公司的签章　　　　B. "保证"字样

C. 戊公司名称　　　　　D. 戊公司的住所

(2)下列当事人中，属于戊公司和己公司票据保证行为的被保证人的是( )。

A. 乙公司　　　　　　　B. 甲公司

C. 丙公司　　　　　　　D. 丁公司

(3)下列当事人中,丁公司有权向其行使票据追索权的是( )。

A. 乙公司　　　　　　　B. 戊公司
C. 己公司　　　　　　　D. 丙公司

(4)下列金额和费用中,丁公司在行使追索权时可以要求被追索人支付的是( )。

A. 发出通知书的费用

B. 汇票金额自到期日起至清偿日止,按照规定的利率计算的利息

C. 取得拒绝付款证明的费用

D. 汇票金额 80 万元

5. (2018 年)张某因支付需要,2017 年 1 月向 P 银行申请开立了个人银行结算账户,并办理一张借记卡。同时开通了网上银行业务。

2017 年 2 月张某在 Q 第三方支付机构申请开立了账户并绑定其在 P 银行开立的个人银行结算账户。

要求:根据上述材料,不考虑其他因素,分析回答下列小题。

(1)下列关于张某申请开立个人银行结算账户的表述中,正确的是( )。

A. 张某不得授权他人代理

B. 张某可以通过自助柜员机申请开户

C. 张某需出具个人的自然人身份证

D. 张某可以申请开立 I 类银行结算账户

(2)下列业务中,张某通过其开通的网上银行可以办理的是( )。

A. 查询该借记卡中的账户余额

B. 向他人名下的银行卡转账

C. 向自己名下的其他银行账户转账

D. 支付网上购物货款

(3)下列关于张某在 Q 第三方支付机构开立账户的表述中,正确的是( )。

A. 该账户属于Ⅲ类账户

本题考核点

个人银行结算账户

B. 该账户属于Ⅱ类账户

C. 该账户属于一般存款账户

D. 该账户属于Ⅰ类账户

(4)下列关于张某办理的借记卡的表述中,正确的是( )。

A. 不可透支

B. 不得出租和转借

C. 在 ATM 机每日累计提款不得超过 2 万元

D. 银行应对该卡账户内的存款计付利息

第三章 支付结算法律制度

参考答案及详细解析

一、单项选择题

1. A 【解析】选项 A，银行卡按照是否透支分为信用卡和借记卡，信用卡按是否向发卡银行交存备用金分为贷记卡、准贷记卡两类。

2. B 【解析】选项 A，持票人对支票出票人的权利，自出票日起 6 个月；选项 C，持票人对前手的追索权，自被拒绝承兑或者被拒绝付款之日起 6 个月；持票人对前手的再追索权，自清偿日或者被提起诉讼之日起 3 个月；选项 D，持票人对票据的出票人和承兑人的权利自票据到期日起 2 年。见票即付的汇票、本票自出票日起 2 年。

 易错易混

票据权利时效

票据种类		提示付款期限	票据权利时效
汇票	银行汇票	见票即付	出票日起 1 个月	出票日起 2 年
	商业汇票	定日付款	到期日起 10 日	到期日起 2 年
		出票后定期付款		
		见票后定期付款		
本票		出票日起 2 个月	出票日起 2 年
支票		出票日起 10 日	出票日起 6 个月

3. A 【解析】线上支付包括直接使用网上银行进行的支付和通过第三方支付平台进行的支付。选项 BCD，属于线下支付。

4. D 【解析】选项 A，背书未记载日期的，视为在票据到期日前背书；选项 B，汇票上未记载承兑日期的，应当以收到提示承兑的汇票之日起 3 日内的最后一日为承兑日期；选项 C，保证人在票据或者粘单上未记载"保证日期"的，出票日期为保证日期。

5. D 【解析】单位或个人签发空头支票或者签发与其预留的签章不符、使用支付密码但支付密码错误的支票，不以骗取财物为目的的，由中国人民银行处以票面金

额 5%但不低于 1000 元的罚款；持票人有权要求出票人赔偿支票金额 2%的赔偿金。屡次签发空头支票的，银行有权停止为其办理支票或全部支付结算业务。

6. A 【解析】选项 ABD，记名预付卡可挂失，可赎回，不得设置有效期；不记名预付卡不挂失，不赎回，另有规定的除外；不记名预付款有效期不得低于 3 年。选项 C，单张记名预付卡资金限额不得超过 5000 元，单张不记名预付卡资金限额不得超过 1000 元。

预付卡

项目	记名预付卡	不记名预付卡
区分标准	记载持卡人身份信息	不记载持卡人身份信息
单张限额	5000 元	1000 元
挂失	可挂失	不可挂失
赎回	购卡后 3 个月可赎回	不可赎回
有效期	——	不得低于 3 年 超期可延期、激活、换卡
提供身份证	需要	一次性购买 1 万元以上需要
转账购买	购卡人不得使用信用卡购买预付卡	
	单位：一次性购买 5000 元以上	
	个人：一次性购买 50000 元以上	
充值	现金充值	——
	转账充值	一次性充值金额在 5000 元以上（不得使用信用卡为预付卡充值）
使用规定	特约商户中使用	
	不得用于或变相用于提现	
	不得用于购买、交换非本机构发行的预付卡	
	卡内资金不得向银行账户或非本发卡机构开立的网络支付账户转移	
发卡机构的资金管理	备付金需 100%集中交存中国人民银行，不得挪用、挤占	

7. B 【解析】已承兑的商业汇票、支票、填明"现金"字样和代理付款人的银行汇票以及填明"现金"字样的银行本票可以挂失支付。

8. D 【解析】准贷记卡是指持卡人须先按发卡银行要求交存一定金额的备用金，当备用金账户余额不足支付时,可在发卡银行规定的信用额度内透支的信用卡。

【思路点拨】亲,"借记卡"是先存钱,再消费的卡,不可透支;"准贷记卡"是先交存备用金,额度内透支消费的卡;"贷记卡"是不用先交存备用金,可直接额度内透支消费的卡。

9. D 【解析】临时存款账户应根据有关开户证明文件确定的期限或存款人的需要确定其有效期限,最长不得超过2年。

10. A 【解析】有效身份证件包括:(1)在中华人民共和国境内已登记常住户口的中国公民为居民身份证;不满16周岁的,可以使用居民身份证或户口簿(选项CD)。(2)香港、澳门特别行政区居民为港澳居民来往内地通行证、港澳居民居住证。(3)台湾地区居民为台湾居民来往大陆通行证、台湾居民居住证。(4)国外的中国公民为中国护照(选项B)。(5)外国公民为护照或者外国人永久居留证。机动车驾驶证属于辅助身份证明材料。

11. A 【解析】证券交易结算资金、期货交易保证金和信托基金专用存款账户不得支取现金。

12. D 【解析】发放拆迁户安置资金,开立专用存款账户,专款管理。

13. A 【解析】银行汇票的出票人为银行;商业汇票的出票人为银行以外的企业和其他组织;支票的出票人为在银行开立支票存款账户的企业、其他组织和个人。

14. B 【解析】持票人对前手的追索权,自被拒绝承兑或者被拒绝付款之日起6个月。

15. D 【解析】选项A,持票人行使追索权时,应当提供被拒绝承兑或者拒绝付款的有关证明。选项B,到期前追索,是指票据到期日前,持票人对下列情形之一行使的追索:(1)汇票被拒绝承兑的;(2)承兑人或者付款人死亡、逃匿的;(3)承兑人或者付款人被依法宣告破产的或者因违法被责令终止业务活动的。选项C,未按照规定期限通知的,持票人仍可以行使追索权。因延期通知给其前手或者出票人造成损失的,由没有按照规定期限通知的票据当事人,承担对该损失的赔偿责任。

16. D 【解析】商业汇票可以办理贴现。

17. C 【解析】银行承兑汇票的出票人于汇票到期日未能足额交存票款时,承兑银行付款后,对出票人尚未支付的汇票金额按照每天万分之五计收利息。

18. C 【解析】单张记名预付卡资金限额不得超过5000元,单张不记名预付卡资金限额不得超过1000元。

19. C 【解析】不记名预付卡,不可挂失、不可赎回、有效期不得低于3年,所以选项ABD错误。

20. A 【解析】B2B是企业网上银行子系统的功能。

21. B 【解析】汇款人对汇出银行尚未汇出的款项可以申请撤销。

22. C 【解析】单位设立的独立核算的附属机构，可以申请开立基本存款账户。

23. C 【解析】根据规定，电子渠道开立账户，是指通过网上银行和手机银行等电子渠道受理银行账户开户申请的，银行可以为申请人开立Ⅱ类银行账户和Ⅲ类银行账户。

24. C 【解析】Ⅱ类银行为存款人提供限定金额的消费和缴费支付服务。

25. A 【解析】存款人应当按照账户管理规定使用银行结算账户办理结算业务，不得出租、出借银行结算账户，不得利用银行结算账户套取银行信用或进行洗钱活动。

26. B 【解析】(1)选项AB，信用卡透支的计息方式，以及对信用卡溢缴款是否计付利息及其利率标准，由发卡机构自主确定。(2)选项CD，发卡银行对信用卡透支利率实行上限和下限管理。

27. D 【解析】(1)选项A，记名预付卡不得设置有效期，不记名预付卡有效期不得低于3年；(2)选项B，单张记名预付卡资金限额不得超过5000元；(3)选项C，购卡人不得使用信用卡购买预付卡。

28. A 【解析】选项BCD，预付卡在发卡机构拓展、签约的特约商户中使用，不得用于或变相用于提取现金，不得用于购买、交换非本发卡机构发行的预付卡、单一行业卡及其他商业预付卡或向其充值，卡内资金不得向银行账户或向非本发卡机构开立的网络支付账户转移。

29. D 【解析】选项D，背书未记载日期的，视为在票据到期日前背书。

30. C 【解析】(1)选项A，在票据到期日前，出现特定情形的，持票人可以行使追索权；(2)选项BD，持票人行使追索权，可以不按照票据债务人的先后顺序，对其中任何一人、数人或者全体行使追索权。

31. A 【解析】电子承兑汇票付款期限自出票日至到期日不超过1年。
【思路点拨】亲，电子承兑汇票付款期限自出票日至到期日"不超过1年"；纸质承兑汇票的付款期限自出票日至到期日"不超过6个月"。

32. C 【解析】选项C，"单位和个人"在同一票据交换区域需要支付各种款项，均可以使用银行本票。

33. A 【解析】(1)单位和个人办理支付结算业务应遵守的结算纪律：①不准签发没有资金保证的票据或远期支票，套取银行信用(选项D错误)；②不准签发、取得和转让没有真实交易和债权债务的票据，套取银行和他人资金；③不准无理拒绝付款，任意占用他人资金(选项B错误)；④不准违反规定开立和使用账户。(2)银行办理支付结算应遵守的结算纪律：①不准以任何理由压票、任意退票、截留挪用客户和他行资金(选项A正确)；②不准无理拒绝支付应由银行支付的票据款项；③不准受理无理拒付、不扣少扣滞纳金；④不准违章签发、承兑、贴现票据，套取银行资金；⑤不准签发空头银行汇票、银行本票和办理空头汇款；⑥不准在支付结算制度之外规定附加条件，影响汇路畅通（选项 C 错误）；⑦不准违反规定为单位和个人开立账户；⑧不准拒绝受理、代理他行正常结算业务。

34. A 【解析】广义的线上支付包括直接使用网上银行进行的支付和通过第三方支付平台进行的支付。

35. A 【解析】任意记载事项是不记载时不影响票据效力，记载时则产生票据效力的事项。

36. D 【解析】提示承兑仅限于商业汇票。

37. B 【解析】商业承兑汇票的付款人为其承兑人，即非银行的商业主体。

38. C 【解析】粘单上的第一记载人，为粘单上第一手背书的背书人，应当在票据和粘单的粘接处签章。

二、多项选择题

1. ABCD 【解析】签发汇兑凭证必须记载下列事项：表明"信汇"或"电汇"的字样；无条件支付的委托；确定的金额；收款人名称；汇款人名称；汇入地点、汇入行名称；汇出地点、汇出行名称；委托日期；汇款人签章。

2. ABC 【解析】出票人可以在支票上记载自己为收款人。

3. CD 【解析】银行本票的提示付款期限自出票日起最长不得超过 2 个月。银行汇票的提示付款期限自出票日起 1 个月。

4. ABC 【解析】选项 A，单位、银行在票据上的签章和单位在结算凭证上的签章，为该单位、银行的盖章加其法定代表人或其授权的代理人的签名或盖章。个人在票据和结算凭证上的签章，应为该个人本人的签名或盖章；选项 B，票据和结算凭证金额以中文大写和阿拉伯数码同时记载，二者必须一致，二者不一致的票据无效；二者不一致的结算凭证银行不予受理；选项 C，出票金额、出票日期、收款人名称不得更改，更改的票据无效；选项 D，票据的出票日期必须使用中文大写。

5. ABC 【解析】选项 D，票据的出票日期必须使用中文大写。

6. ABCD

7. ABCD 【解析】使用伪造的信用卡，或者使用以虚假的身份证明骗领的信用卡的；使用作废的信用卡的；冒用他人信用卡的；恶意透支的，均属于信用卡诈骗活动。进行信用卡诈骗活动，数额较大的，处 5 年以下有期徒刑或者拘役，并处 2 万元以上 20 万元以下罚金。

8. ABC 【解析】选项 A，持票人对前手的追索权，自被拒绝承兑或被拒绝付款之日起 6 个月内不行使的，该权利丧失；选项 B，持票人对票据承兑人的权利自票据到期日起2年内不行使的，该权利丧失；选项C，持票人对支票出票人的权利自出票日起6个月内不行使的，该权利丧失；选项D，持票人因超过票据权利时效或者因票据记载事项欠缺而丧失票据权利的，仍享有民事权利，可以请求出票人或者承兑人返还其与未支付的票据款金额相当的利益。

9. ABC 【解析】取得票据不享有票据权利的情形：(1)以欺诈、偷盗或者胁迫等手段取得票据的，或者明知有上述情形，出于恶意取得票据的；(2)持票人因重大过失取得不符合《票据法》规定的票据的。

10. AD 【解析】支票的金额、收款人名称可以由出票人授权补记。

11. AC 【解析】保证人在票据或者粘单上未记载"被保证人名称"的，已承兑的票据，承兑人为被保证人；未承兑的票据，出票人为被保证人。

12. ABCD 【解析】收款人受理银行本票时，应审查下列事项：(1)收款人是否确为本单位或本人；(2)银行本票是否在提示付款期限内；(3)必须记载的事项是否齐全；(4)出票人签章是否符合规定，大小写出票金额是否一致；(5)出票金额、出票日期、收款人名称是否更改，更改的其他记载事项是否由原记载人签章证明。

13. BC 【解析】选项A，甲公司为出票人(承兑人)，承担票据责任；选项B，背书人以背书转让票据后，即承担保证其后手所持票据承兑和付款的责任；选项C，背书连续，丁公司享有票据权利；选项D，背书人在票据上记载"不得转让"字样，其后手再背书转让的，原背书人对后手的被背书人不承担保证责任，所以丁公司不得追索乙公司。

14. AD 【解析】银行承兑汇票的出票人于汇票到期日未能足额交存票款时，承兑银行除凭票向持票人无条件付款外，对出票人尚未支付的汇票金额按照每天万分之五计收利息。

15. BCD 【解析】选项A，特约商户的收单银行结算账户应当为其同名单位银行结算账户，或其指定的、与其存在合法资金管理关系的单位银行结算账户。

16. BCD 【解析】选项A，汇款回单只能作为汇出银行受理汇款的依据，不能作为该笔汇款已转入收款人账户的证明。

17. ACD 【解析】单位和个人凭已承兑商业汇票、债券、存单等付款人债务证明办理款项的结算，均可以使用委托收款结算方式。

18. ABD 【解析】(1)选项AB，更换预留公章或财务专用章时，应向开户银行出具书面申请、原预留公章或财务专用章等相关证明文件。(2)选项C，申请更换单位预留签章的，无需重新开立单位存款账户。(3)选项D，单位存款人申请变更预留公章或财务专用章，可由法定代表人或单位负责人直接办理，也可授权他人办理。

19. ABCD

20. BCD 【解析】选项 A，出票人签发空头支票的，出票人的开户行，不承担票据责任。

21. ACD 【解析】票据行为包括出票、背书、承兑和保证。

22. ABC 【解析】选项 D，持票人不能出示拒绝证明、退票理由书或者未按照规定期限提供其他合法证明的，丧失对"其前手"（非全部票据债务人）的追索权。

23. ABCD 【解析】商业汇票的持票人向银行办理贴现必须具备下列条件：票据未到期；票据未记载"不得转让"事项；在银行开立存款账户的企业法人以及其他组织；与出票人或者直接前手之间具有真实的商品交易关系；提供与其直接前手之间的增值税发票和商品发送单据复印件。

24. ABCD 【解析】有下列情形之一的，存款人应向开户银行提出撤销银行结算账户的申请：（1）被撤并、解散、宣告破产或关闭的；（2）注销、被吊销营业执照的；（3）因迁址需要变更开户银行的；（4）其他原因需要撤销银行结算账户的。

25. BC 【解析】收款人名称应当记载全称或者规范化简称，选项 A 错误；收款人名称不得更改，更改的票据无效，选项 D 错误。

26. ABCD

三、判断题

1. × 【解析】一般存款账户在基本存款账户开户银行以外的银行营业机构开立。

2. √ 【解析】开立申请人开立个人银行账户或办理其他个人银行账户业务，原则上应当由开户申请人本人亲自办理；符合条件的，可以由他人代理办理。

3. × 【解析】付款人承兑汇票，不得附有条件；承兑附有条件的，视为拒绝承兑。

4. √ 【解析】预付卡以人民币计价，不具有透支功能。

5. √ 【解析】持票人提示承兑或者提示付款被拒绝的，承兑人或者付款人必须出具拒绝证明，或者出具退票理由书。

6. × 【解析】通过网上银行和手机银行等电子渠道受理银行账户开户申请的，银行可为开户申请人开立Ⅱ类户或Ⅲ类户。

7. √ 【解析】委托收款结算方式在同城、异地均可以办理。

8. × 【解析】持票人可以不按照票据债务人的先后顺序，对其中任何一人、数人或者全体行使追索权。

9. √ 【解析】伪造、变造票据属于欺诈行为，应追究其刑事责任。

10. √ 【解析】票据和结算凭证上的签章，为签名、盖章或者签名加盖章。

11. √ 【解析】票据和结算凭证金额以中文大写和阿拉伯数码同时记载，二者必须一致，二者不一致的票据无效；二者不一致的结算凭证银行不予受理。

12. × 【解析】10 月 20 日应写成"零壹拾月零贰拾日"。

13. √ 【解析】支付结算原则包括：恪守信用，履约付款原则；谁的钱进谁的账，由谁支配原则；银行不垫款原则。

14. √

15. √ 【解析】取得票据不享有票据权利的情形：(1)以欺诈、偷盗或者胁迫等手段取得票据的，或者明知有上述情形，出于恶意取得票据的；(2)持票人因重大过失取得不符合《票据法》规定的票据的。

16. × 【解析】挂失止付并不是票据丧失后采取的必经措施，而只是一种暂时的预防措施，最终要通过申请公示催告或提起普通诉讼来补救票据权利。

17. × 【解析】持票人可以不按照票据债务人的先后顺序，对其中任何一人、数人或者全体行使追索权。

18. × 【解析】单张出票金额在300万元以上的商业汇票应全部通过电子商业汇票办理，并不是自主选择使用。

19. × 【解析】单位或个人签发空头支票的，由中国人民银行处以罚款，并不是开户银行。

20. × 【解析】信用证只限于转账结算，不得支取现金。

21. √

22. × 【解析】汇款回单只能作为汇出银行受理汇款的依据，不能作为该笔汇款已经转入收款人账户的证明。

23. × 【解析】商业汇票持票人依照规定提示付款的，付款人必须在当日足额付款。

24. √ 【解析】(1)出票银行对于在本行开立存款账户的申请人，只能将款项转入原申请人账户；对于现金银行本票和未在本行开立存款账户的申请人，才能退付现金。(2)申请人或收款人为单位的，银行不得为其签发现金银行本票。(3)本题中，甲公司申请签发的本票不能是现金银行本票，同时向开户银行P银行申请，属于在本行开立存款账户的申请人，因此，P银行只能将款项转入原申请人账户，不能退付现金。

25. √

四、不定项选择题

1. (1)ABC；(2)ABCD；(3)B；(4)ABCD。

【解析】(1)签发商业汇票必须记载下列事项：表明"商业承兑汇票"或"银行承兑汇票"的字样；无条件支付的委托；确定的金额；付款人名称；收款人名称；出票日期；出票人签章。

(2)选项A，银行承兑汇票的出票人或持票人向银行提示承兑时，银行的信贷部门负责按照有关规定和审批程序，对出票人的资格、资信、购销合同和汇票记载的内容进行认真审查；选项B，银行承兑汇票的承兑银行，应按票面金额向出票人收取万分之五的手续费；选项 C，纸质票据贴现前，金融机构办理承兑、质押、保证等业务，应当不晚于业务办理的次一工作日在票据市场基础设施完成相关信息登记工作；选项 D，付款人收到持票人提示承兑的汇票时，应当向持票人签发收到汇票的回单。

（3）汇票上未记载承兑日期的，应当以收到提示承兑的汇票之日起 3 日内的最后一日为承兑日期。

（4）签发委托收款凭证必须记载下列事项：表明"委托收款"的字样；确定的金额；付款人名称；收款人名称；委托收款凭据名称及附寄单证张数；委托日期；收款人签章。

2.（1）ABCD；（2）ABCD；（3）AC；（4）BC。

【解析】（1）选项 A，开立银行结算账户时，银行应与存款人签订银行结算账户管理协议，明确双方的权利和义务；选项 BD，开立单位银行结算账户时，应填写"开立单位银行结算账户申请书"，并加盖单位公章和法定代表人（单位负责人）或其授权代理人的签名或者盖章；选项 C，企业法人应出具企业法人营业执照正本。

（2）基本存款账户是存款的主办账户，存款人日常经营活动的资金收付及其工资、奖金和现金的支取，应通过基本存款账户办理。

（3）选项 B，严禁将单位的款项转入个人卡账户存储；选项 D，"借记卡"持卡人通过 ATM 等自助机具办理现金提取业务，每卡每日累计不得超过人民币 2 万元。

（4）单位人民币卡账户的资金一律由基本账户转账存入，不得存取现金，不得将销货收入存入单位卡账户。单位人民币卡可办理商品交易和劳务供应款项的结算，但不得透支。

3.（1）ABCD；（2）BD；（3）B；（4）AB。

【解析】（1）签发商业汇票必须记载下列事项：表明"商业承兑汇票"或"银行承兑汇票"的字样；无条件支付的委托；确定的金额；付款人名称；收款人名称；出票日期；出票人签章。签发时必须记载事项包括付款人名称而非付款人签章，本题的商业汇票是由甲公司签发并承兑的，承兑时甲公司作为付款人应签章，因此甲公司签发并承兑时，付款人甲公司签章属于必须记载事项。

（2）选项 A，"不得转让"为任意记载事项，记载产生票据效力；选项 C，背书转让的，背书人应当承担票据责任；选项 BD，背书人在票据上记载"不得转让"字样，其后手再背书转让的，原背书人对后手的被背书人不承担保证责任。

（3）商业汇票的提示付款期限，自汇票到期日起 10 日。

（4）①票据的出票人、背书人、承兑人和保证人对持票人承担连带责任。持票人行使追索权，可以不按照票据债务人的先后顺序，对其中任何一人、数人或者全体行使追索权；②背书人在票据上记载"不得转让"字样，其后手再背书转让的，原背书人对后手的被背书人不承担保证责任。所以戊公司可以向甲公司、丙公司、丁公司行使追索权。

4. (1) ABCD；(2) B；(3) ABCD；(4) ABCD。

【解析】(1) 保证人必须在票据或者粘单上记载下列事项：表明"保证"的字样；保证人名称和住所；被保证人的名称；保证日期；保证人签章。

(2) 保证人在票据或者粘单上未记载"被保证人名称"的，已承兑的票据，承兑人为被保证人；未承兑的票据，出票人为被保证人。

(3) 票据的出票人、背书人、承兑人和保证人对持票人承担连带责任。持票人行使追索权，可以不按照票据债务人的先后顺序，对其中任何一人、数人或者全体行使追索权。

(4) 持票人行使追索权，可以请求被追索人支付下列金额和费用：①被拒绝付款的票据金额；②票据金额自到期日或者提示付款日起至清偿日止，按照中国人民银行规定的利率计算的利息；③取得有关拒绝证明和发出通知书的费用。

5. (1) BCD；(2) ABCD；(3) A；(4) ABCD。

【解析】(1) 开户申请人开立个人银行账户或者办理其他个人银行账户业务，原则上应当由开户申请人本人亲自办理；符合条件的，可以由他人代理办理，选项 A 表述错误。

(2) 个人网上银行的主要功能包括：账户信息查询；人民币转账业务；银证转账业务；外汇买卖业务；账户管理业务；B2C。

(3) 在第三方支付机构开立的账户为Ⅲ类账户。

(4) 借记卡不具备透支功能，选项 A 正确。银行卡及其账户只限经发卡银行批准的持卡本人使用，不得出租和转借，选项 B 正确。发卡银行应当对借记卡持卡人在自动柜员机(ATM 机)取款设定交易上限，每卡每日累计提款不得超过 2 万元人民币，选项 C 正确。发卡银行对准贷记卡及借记卡(不含储值卡)账户内的存款，按照中国人民银行规定的同期同档次存款利率及计息办法计付利息，选项 D 正确。

第四章 增值税、消费税法律制度

一、单项选择题

1. (2019年、2018年)区别不同税种的重要标志是( )。
    A. 纳税环节　　　　　B. 税目
    C. 税率　　　　　　　D. 征税对象

    【本题考核点】税法要素

2. (2019年、2018年)下列税种中,由海关系统负责征收和管理的是( )。
    A. 契税　　　　　　　B. 船舶吨税
    C. 车船税　　　　　　D. 车辆购置税

    【本题考核点】海关系统负责征收的税种

3. (2019年改)甲公司为增值税一般纳税人,2019年9月销售啤酒取得含税价款226万元,另收取包装物租金1.13万元,包装物押金3.39万元,已知增值税适用税率为13%,计算甲公司当月上述业务增值税销项税额的下列算式中,正确的是( )。
    A. (226+1.13)÷(1+13%)×13%=26.13(万元)
    B. 226÷(1+13%)×13%=26(万元)
    C. 226×13%=29.38(万元)
    D. (226+1.13+3.39)÷(1+13%)×13%=26.52(万元)

    【本题考核点】包装物押金增值税的计算

4. (2019年改)甲企业为增值税一般纳税人,2019年8月销售空调取得含增值税价款610.2万元,另收取包装物押金5.8万元,约定3个月内返还;当月确认逾期不予退还的包装物押金为11.3万元。已知增值税税率为13%。计算甲企业当月上述业务增值税销项税额的下列算式中,正确的是( )。
    A. (610.2+5.8+11.3)×13%=81.55(万元)
    B. (610.2+11.3)÷(1+13%)×13%=71.5(万元)
    C. (610.2+5.8+11.3)÷(1+13%)×13%=72.17(万元)
    D. (610.2+11.3)×13%=80.80(万元)

    【本题考核点】增值税销项税额的计算

本题考核点

进口环节应纳增值税税额的计算

5.(2019年改)甲公司为增值税一般纳税人,2019年9月进口货物一批,海关审定的关税完税价格为116万元。已知增值税税率为13%;关税税率为10%。计算甲公司当月该笔业务应缴纳增值税税额的下列算式中,正确的是( )。

A. 116×(1+10%)÷(1+13%)×13%=14.68(万元)

B. 116÷(1+13%)×13%=13.35(万元)

C. 116×(1+10%)×13%=16.59(万元)

D. 116×13%=15.08(万元)

本题考核点

增值税现代服务税目的范围

6.(2019年)根据增值税法律制度的规定,下列各项中,应按照"现代服务"税目计缴增值税的是( )。

A. 经营租赁服务　　　　B. 融资性售后回租

C. 保险服务　　　　　　D. 文化体育服务

本题考核点

不同销售方式下增值税纳税义务的发生时间

7.(2019年)根据增值税法律制度的规定,下列关于增值税纳税义务发生时间的表述中,正确的是( )。

A. 委托他人代销货物的,为货物发出的当天

B. 从事金融商品转让的,为金融商品所有权转移的当天

C. 采用预收货款方式销售货物,货物生产工期不超过12个月的,为收到预收款的当天

D. 采取直接收款方式销售货物的,为货物发出的当天

本题考核点

药酒的消费税计税依据

8.(2019年改)2019年5月甲药酒厂生产240吨药酒,对外销售140吨,取得不含增值税销售额1000万元,增值税税额130万元。甲药酒厂当月销售药酒计算消费税的计税依据为( )。

A. 1000万元　　　　　　B. 1130万元

C. 240吨　　　　　　　D. 140吨

本题考核点

生产销售应纳消费税的计算

9.(2019年)甲公司为增值税一般纳税人,2018年10月销售自产柴油4000吨,馈赠客户自产柴油30吨,本厂工程车辆领用自产柴油20吨,已知柴油1吨=1176升,消费税税率为1.2元/升,计算甲公司当月上述业务应缴纳的消费税的下列算式中,正确的是( )。

A. (4000+30)×1176×1.2=5687136(元)

B. (4000+30+20)×1176×1.2=5715360(元)

C. 4000×1176×1.2=5644800(元)

D. (4000+20)×1176×1.2=5673024(元)

10. (2019年)根据消费税法律制度的规定,下列商品中,不属于消费税征税范围的是( )。
    A. 金银首饰　　　　B. 调味料酒
    C. 汽油　　　　　　D. 烟丝

    本题考核点：消费税的征税范围

11. 根据消费税法律制度的规定,企业发生下列事项,应根据企业同类应税消费品最高计税价格计征消费税的是( )。
    A. 向职工福利的自产高档化妆品
    B. 用于运输车队的自产柴油
    C. 用于抵偿债务的自产小汽车
    D. 用于广告宣传的自产白酒

    本题考核点：生产销售应纳消费税的计算

12. (2019年)某汽酒进口公司于2018年10月进口一批汽酒,已知该批汽酒的关税完税价格10800元;消费税税率10%,关税税率14%。该批汽酒进口环节应缴纳消费税税额的下列计算中,正确的是( )。
    A. 10800×10% = 1080(元)
    B. 10800×(1+14%)×10% = 1231.2(元)
    C. 10800×14%×10% = 151.2(元)
    D. 10800×(1+14%)÷(1-10%)×10% = 1368(元)

    本题考核点：进口环节消费税的计算

13. (2018年)根据增值税法律制度的规定,下列关于增值税纳税人的表述,正确的是( )。
    A. 转让无形资产,以无形资产受让方为纳税人
    B. 提供建筑安装服务,以建筑安装服务接收方为纳税人
    C. 资管产品运营过程中发生的增值税应税行为,以资管产品管理人为纳税人
    D. 单位以承包、承租、挂靠方式经营的,一律以承包人为纳税人

    本题考核点：增值税纳税义务人

14. (2018年)根据增值税法律制度的规定,企业发生的下列行为中,不属于视同销售货物行为的是( )。
    A. 将购进的货物作为投资提供给其他单位
    B. 将购进的货物用于集体福利
    C. 将委托加工的货物分配给股东
    D. 将自产的货物用于个人消费

    本题考核点：增值税视同销售

15. (2018年)根据增值税法律制度的规定,下列服务中,应按照"金融服务——贷款服务"税目计缴增值税的是( )。

    本题考核点：增值税征税范围

A. 资金结算　　　　　　　B. 金融商品转让
C. 信用卡透支利息收入　　D. 货币兑换

16. (2018年改)甲公司为增值税一般纳税人，2019年10月采取折扣方式销售货物一批，该批货物不含税销售额90000元，折扣额9000元，销售额和折扣额在同一张发票的金额栏分别注明。已知增值税税率为13%。甲公司当月该笔业务增值税销项税额的下列计算列式中，正确的是(　　)。

A. (90000−9000)÷(1+13%)×13% = 9318.58(元)
B. 90000×13% = 11700(元)
C. 90000÷(1+13%)×13% = 10353.98(元)
D. (90000−9000)×13% = 10530(元)

本题考核点
小规模纳税人的增值税处理

17. (2018年、2017年)甲便利店为增值税小规模纳税人，2016年第四季度零售商品取得收入103000元，将一批外购商品无偿赠送给物业公司用于社区活动，该批商品的含税价格721元。已知增值税征收率为3%。计算甲便利店第四季度应缴纳增值税税额的下列算式中，正确的是(　　)。

A. [103000+721÷(1+3%)]×3% = 3111(元)
B. (103000+721)×3% = 3111.63(元)
C. [103000÷(1+3%)+721]×3% = 3021.63(元)
D. (103000+721)÷(1+3%)×3% = 3021(元)

本题考核点
特殊销售方式下的销售额

18. (2018年改)甲公司为一般纳税人，2019年6月销售新型冰箱50台，每台含税价格5650元；采取以旧换新方式销售同型号冰箱20台，收回的旧冰箱每台作价226元，实际每台收取款项5424元。计算甲公司当月增值税销项税额的下列算式中，正确的是(　　)。

A. [50×5650+20×(5424−226)]×13% = 50239.8(元)
B. (50×5650+20×5424)÷(1+13%)×13% = 44980(元)
C. (50+20)×5650÷(1+13%)×13% = 45500(元)
D. (50×5650+20×5424)×13% = 50827.4(元)

本题考核点
视同销售货物的销售额

19. (2018年改)甲公司为增值税一般纳税人，2019年7月将自产的100件新产品赠送给乙公司，生产成本为50元/件，无同类产品销售价格，已知增值税税率为13%，成本利润率为10%。计算甲公司当月该笔业务增值税销项税额的下列算式中,正确的是( )。

A. 100×50×13% =650(元)

B. 100×50×(1-10%)×13% =585(元)

C. 100×50×10%×(1+13%) =565(元)

D. 100×50×(1+10%)×13% =715(元)

20. (2018年)根据增值税法律制度的规定,一般纳税人发生的下列行为中,不可以选择适用简易计税方法的是( )。

A. 咨询服务　　　　　B. 收派服务

C. 仓储服务　　　　　D. 装卸搬运服务

本题考核点
简易计税方法

21. (2018年)下列各项中,不属于免税项目的是( )。

A. 养老机构提供的养老服务

B. 装修公司提供的装饰服务

C. 婚介所提供的婚姻介绍服务

D. 托儿所提供的保育服务

本题考核点
增值税税收优惠

22. (2018年)下列关于增值税纳税义务发生时间表述中,不正确的是( )。

A. 纳税人发生应税行为先开具发票的,为开具发票的当天

B. 纳税人发生视同销售不动产的,为不动产权属变更的当天

C. 纳税人提供租赁服务采取预收款方式的,为交付租赁物的当天

D. 纳税人从事金融商品转让的,为金融商品所有权转移的当天

本题考核点
增值税纳税义务发生时间

23. (2018年)根据消费税法律制度的规定,下列行为中,应缴纳消费税的是( )。

A. 卷烟厂销售自产的卷烟

B. 汽车厂销售自产的载货汽车

C. 外贸公司进口高档电器产品

D. 银行销售金银纪念币

本题考核点
消费税的征税范围

24. (2018年)下列各项中,不征收消费税的是( )。

A. 销售自产小汽车

B. 金店零售黄金

C. 烟酒公司购买葡萄酒

本题考核点
消费税征税范围

D. 手表厂生产销售高档名表

本题考核点
消费税征税范围

25. (2018年)根据消费税法律制度的规定,企业将自产应税消费品用于下列情形中,不缴纳消费税的是( )。
   A. 地板厂将自产的实木地板用于装修办公室
   B. 摩托车厂将自产的摩托车用于赞助
   C. 化妆品厂将自产的高档化妆品用于广告
   D. 卷烟厂将自产的烟丝用于连续生产卷烟

本题考核点
消费税征税范围

26. (2018年)根据消费税法律制度的规定,下列不属于消费税征收范围的是( )。
   A. 啤酒   B. 实木地板
   C. 电脑   D. 电池

本题考核点
消费税征税范围

27. (2018年)下列各项中,不征收消费税的是( )。
   A. 将自产白酒赠送给合伙企业
   B. 将自产的卷烟发放给员工当福利
   C. 零售金银首饰
   D. 零售高档化妆品

本题考核点
消费税征税范围

28. (2018年)根据消费税法律制度的规定,下列各项中,不缴纳消费税的是( )。
   A. 零售超豪华小汽车   B. 进口钻石饰品
   C. 生产销售白酒   D. 委托加工烟丝

本题考核点
消费税的计算

29. (2018年改)某白酒生产企业是增值税一般纳税人,2019年10月份销售白酒2吨,取得含税销售额226万元,另收取单独记账核算的包装物押金5.454万元。当月没收逾期未退还包装物的押金4.52万元。则该白酒生产企业当月应缴纳增值税和消费税合计为( )万元。
   A. 66.2   B. 69.12
   C. 67.8   D. 67.6

本题考核点
消费税的计算

30. (2018年)2017年5月甲化妆品厂将一批自产高档化妆品用于馈赠客户,该批高档化妆品生产成本为17000元,无同类高档化妆品销售价格,已知消费税税率为15%;成本利润率为5%。计算甲化妆品厂当月该笔业务应缴纳消费税税额的下列算式中,正确的是( )。
   A. 17000×(1+5%)×15%=2677.5(元)
   B. 17000×(1+5%)÷(1−15%)×15%=3150(元)

C. 17000÷(1-15%)×15%=3000(元)

D. 17000×15%=2550(元)

31. (2018年)2017年9月,甲酒厂将自产的1吨药酒用于抵偿债务,该批药酒生产成本35000元/吨,甲酒厂同类药酒不含增值税最高销售价格62000元/吨,不含增值税平均销售价格60000元/吨,不含增值税最低销售价格59000元/吨,已知消费税税率10%,计算甲酒厂当月该笔业务应缴纳消费税税额的下列算式中,正确的是( )。

A. 1×59000×10%=5900(元)

B. 1×60000×10%=6000(元)

C. 1×62000×10%=6200(元)

D. 1×35000×10%=3500(元)

本题考核点：消费税的计算

32. (2018年改)2018年6月,甲贸易公司进口一批高档化妆品,关税完税价格850000元,已知增值税税率为13%,消费税税率为15%,关税税率为5%,计算甲贸易公司当月该笔业务应缴纳增值税税额的下列算式中,正确的是( )。

A. 850000÷(1-15%)×13%=130000(元)

B. (850000+850000×5%)÷(1-15%)×13%=136500(元)

C. 850000×13%=110500(元)

D. (850000+850000×5%)×13%=110625(元)

本题考核点：进口环节增值税的计算

33. (2018年改)甲化妆品公司为增值税一般纳税人,2019年6月向某商场销售一批高档化妆品,取得含增值税销售额3842000元,已知增值税税率为13%,消费税税率为15%,计算甲化妆品公司该笔业务应缴纳消费税税额的下列算式中,正确的是( )。

A. 3842000×(1+13%)×15%=651219(元)

B. 3842000÷(1+13%)×15%=510000(元)

C. 3842000÷(1-15%)×15%=678000(元)

D. 3842000×15%=576300(元)

本题考核点：消费税的计算

34. (2018年)甲公司为增值税小规模纳税人,2017年8月生产销售一批应税消费品,取得含增值税销售额33372元,已知增值税征收率为3%,消费税税率为10%,计算甲公司生产销售该批应税消费品应缴纳的消费税税额的下列算

本题考核点：消费税的计算

式中，正确的是( )。

A. 33372×10% =3337.2(元)

B. 33372×(1-10%)×10% =3003.48(元)

C. 33372÷(1-10%)×10% =3708(元)

D. 33372÷(1+3%)×10% =3240(元)

35. (2017年)根据增值税法律制度的规定，下列关于小规模纳税人征税规定的表述中，不正确的是( )。

A. 实行简易征税办法

B. 一律不使用增值税专用发票

C. 不允许抵扣增值税进项税额

D. 可以申请税务机关代开增值税专用发票

36. (2017年)根据增值税法律制度的规定，下列各项中，免征增值税的是( )。

A. 商店销售糖果　　　B. 木材加工厂销售原木

C. 粮店销售面粉　　　D. 农民销售自产粮食

37. (2017年)根据增值税法律制度的规定，纳税人销售货物或者应税劳务适用免税规定的，可以放弃免税，但放弃免税后，一定期限内不得再申请免税，该期限为( )个月。

A. 42　　　　　　　　B. 36

C. 60　　　　　　　　D. 48

38. (2017年)根据税收征收管理法律制度的规定下列税款中，由海关代征的是( )。

A. 在境内未设立机构、场所的非居民企业来源于境内的股息所得应缴纳的企业所得税

B. 提供研发服务，但在境内未设有经营机构的企业应缴纳的增值税

C. 进口货物的企业在进口环节应缴纳的增值税

D. 从境外取得所得的居民应缴纳的个人所得税

39. (2017年)根据增值税法律制度的规定，一般纳税人发生的下列业务中，允许开具增值税专用发票的是( )。

A. 家电商场向消费者个人销售电视机

B. 百货商店向小规模纳税人零售服装

C. 手机专卖店向消费者个人提供手机修理劳务

D. 商贸公司向一般纳税人销售办公用品

40. (2017年)根据营业税改征增值税试点相关规定,下列各项中,应征收增值税的是( )。
   A. 被保险人获得的保险赔付
   B. 航空公司根据国家指令无偿提供用于公益事业的航空运输服务
   C. 国民存款利息
   D. 母公司向子公司出售不动产

41. (2017年)根据营业税改征增值税试点相关规定,下列各项中,应按照"销售服务——建筑服务"税目计算增值税的是( )。
   A. 平整土地
   B. 出售住宅
   C. 出租办公楼
   D. 转让土地使用权

42. (2017年)根据营业税改征增值税试点相关规定,下列行为中,应按照"销售不动产"税目计缴增值税的是( )。
   A. 将建筑物广告位出租给其他单位用于发布广告
   B. 销售底商
   C. 转让高速公路经营权
   D. 转让国有土地使用权

43. (2017年)根据营业税改征增值税试点相关规定,下列各项中,应按照"销售服务——生活服务"税目计缴增值税的是( )。
   A. 文化创意服务
   B. 车辆停放服务
   C. 广播影视服务
   D. 旅游娱乐服务

44. (2017年)根据消费税法律制度的规定,下列各项中,不征收消费税的是( )。
   A. 酒厂用于交易会样品的自产白酒
   B. 卷烟厂用于连续生产卷烟的自产烟丝
   C. 日化厂用于职工奖励的自产高档化妆品
   D. 地板厂用于本厂办公室装修的自产实木地板

45. (2017年)下面各项中,需要缴纳消费税的是( )。
   A. 超市零售的白酒
   B. 销售自产电动车
   C. 百货商店销售高档化妆品
   D. 销售自产实木地板

本题考核点
增值税税率

46.（2016年改）根据增值税法律制度规定，下列各项增值税服务中，增值税税率为13%的是（　　）。
A. 邮政服务　　　　　　B. 交通运输服务
C. 有形动产租赁服务　　D. 增值电信服务

本题考核点
增值税的计算

47.（2016年改）甲商店为增值税小规模纳税人，2019年8月销售商品取得含税销售额61800元，购入商品取得普通发票注明金额10000元。已知增值税税率为13%，征收率为3%，甲商店当月应缴纳增值税税额的下列计算列式中，正确的是（　　）。
A. 61800÷(1+3%)×3%－10000×3%＝1500(元)
B. 61800×3%＝1854(元)
C. 61800×3%－10000×3%＝1554(元)
D. 61800÷(1+3%)×3%＝1800(元)

本题考核点
消费税征税范围

48.（2016年）根据消费税法律制度的规定，下列各项中，属于消费税征税范围的是（　　）。
A. 中轻型商用客车　　B. 高档西服
C. 进口音响　　　　　D. 平板电脑

二、多项选择题

本题考核点
由税务局负责征收管理的税种

1.（2019年）下列税种中，由税务局负责征收和管理的有（　　）。
A. 关税　　　　B. 企业所得税
C. 资源税　　　D. 土地增值税

本题考核点
交通运输服务的项目

2.（2019年）根据增值税法律制度的规定，下列各项中，应按照"交通运输服务"计缴增值税的有（　　）。
A. 程租　　　　B. 期租
C. 湿租　　　　D. 道路通行服务

本题考核点
不得抵扣进项税额的服务

3.（2019年、2018年）根据增值税法律制度的规定，增值税一般纳税人购进的下列服务，不得抵扣进项税额的有（　　）。
A. 娱乐服务　　B. 居民日常服务
C. 餐饮服务　　D. 贷款服务

本题考核点
增值税税收优惠

4.（2019年）根据增值税法律制度的规定，下列各项中，免征增值税的有（　　）。
A. 婚姻介绍所提供的婚姻介绍服务
B. 医疗机构提供医疗服务

C. 电信公司提供语音普通话服务

D. 科研机构进口直接用于科学研究的仪器

5. (2019年)根据增值税法律制度的规定,下列各项中,不征收增值税的有( )。

    A. 物业管理单位收取的物业费

    B. 被保险人获得的医疗保险赔付

    C. 物业管理单位代收的住宅专项维修资金

    D. 存款利息

本题考核点：不征收增值税的项目

6. (2019年、2018年)根据消费税法律制度的规定,下列各项中,纳税人应当以同类应税消费品的最高销售价格作为计税依据的有( )。

    A. 将自产应税消费品用于换取生产资料

    B. 将自产应税消费品用于换取消费资料

    C. 将自产应税消费品用于对外捐赠

    D. 将自产应税消费用于投资入股

本题考核点：消费税销售额的确定

7. (2019年)根据消费税法律制度的规定,下列各项中,属于消费税纳税人的有( )。

    A. 委托加工白酒的超市

    B. 进口白酒的贸易商

    C. 销售白酒的商场

    D. 生产白酒的厂商

本题考核点：白酒的消费税纳税人

8. (2018年)下列各项中,属于税法要素的有( )。

    A. 税率   B. 征税对象

    C. 纳税义务人   D. 税收优惠

本题考核点：税法要素

9. (2018年)根据增值税法律制度的规定,企业发生的下列行为中,属于视同销售货物行为的有( )。

    A. 将外购货物分配给股东

    B. 将外购货物用于个人消费

    C. 将自产货物无偿赠送他人

    D. 将自产货物用于集体福利

本题考核点：增值税视同销售

10. (2018年)根据增值税法律制度的规定,企业发生的下列行为中,属于视同销售货物行为的有( )。

    A. 将服装交付他人代销

    B. 将自产服装用于职工福利

本题考核点：增值税视同销售

C. 将购进服装无偿赠送给某小学
D. 销售代销服装

11. (2018年)根据增值税法律制度的规定,一般纳税人销售的下列货物中,可以选择简易计税方法计缴增值税的有( )。
  A. 食品厂销售的食用植物油
  B. 县级以下小型水力发电单位生产的电力
  C. 自来水公司销售自产的自来水
  D. 煤气公司销售的煤气

12. (2018年)根据增值税法律制度的规定,下列各项中,免征增值税的有( )。
  A. 农业生产者销售的自产农产品
  B. 企业销售自己使用过的固定资产
  C. 由残疾人组织直接进口供残疾人专用的物品
  D. 外国政府无偿援助的进口物资

13. (2018年)根据增值税法律制度的规定,一般纳税人购进货物取得的下列合法凭证中,属于增值税扣税凭证的有( )。
  A. 税控机动车销售统一发票
  B. 海关进口增值税专用缴款书
  C. 农产品收购发票
  D. 客运发票

14. (2018年)根据增值税法律制度的规定,下列关于固定业户纳税人纳税地点的表述中,不正确的有( )。
  A. 销售商标使用权,应当向商标使用权购买方所在地税务机关申报纳税
  B. 销售采矿权,应当向矿产所在地税务机关申报纳税
  C. 销售设计服务,应当向设计服务发生地税务机关申报纳税
  D. 销售广告服务,应当向机构所在地税务机关申报纳税

15. (2018年)商业企业一般纳税人零售下列各项物品,不得开具增值税专用发票的有( )。
  A. 食品
  B. 劳保鞋
  C. 白酒
  D. 香烟

16. (2018年)根据消费税法律制度的规定,下列各项中,属于消费税征税范围的有( )。
    A. 高档手机　　　　　B. 小汽车
    C. 私人飞机　　　　　D. 游艇

17. (2018年)根据消费税法律制度的规定,下列各项中,应缴纳消费税的有( )。
    A. 进口高档手表　　　B. 生产销售高档化妆品
    C. 委托加工白酒　　　D. 零售金银首饰

18. (2018年)根据消费税法律制度的规定,下列情形中,应缴纳消费税的有( )。
    A. 金银饰品店将购进的黄金首饰用于奖励员工
    B. 摩托车厂将自产的摩托车用于广告样品
    C. 筷子厂将自产的木制一次性筷子用于本厂食堂
    D. 化妆品公司将自产的高档化妆品用于赠送客户

19. (2018年)按照消费税法律制度的规定,下列应税消费品中,在零售环节征收消费税的有( )。
    A. 高档化妆品　　　　B. 汽油
    C. 金银首饰　　　　　D. 超豪华小汽车

20. (2018年)根据消费税法律制度的规定,下列各项中征收消费税的是( )。
    A. 晾晒烟叶　　　　　B. 批发烟叶
    C. 生产烟丝　　　　　D. 生产卷烟

21. (2018年)根据消费税法律制度的规定,下列连续生产的应税消费品,在计征消费税时准予按当期生产领用数量计算扣除外购应税消费品已纳消费税税款的有( )。
    A. 以外购已税高档化妆品原料生产的高档化妆品
    B. 以外购已税实木地板原料生产的实木地板
    C. 以外购已税烟丝生产的卷烟
    D. 以外购已税汽油、柴油为原料生产的汽油、柴油

22. (2018年)甲公司为增值税一般纳税人,机构所在地在S市。2017年2月,在S市销售货物一批;在W市海关报关进口货物一批;接受Y市客户委托加工应缴纳消费税的货物一批。下列关于甲公司上述业务纳税地点的表述中,正确的有( )。

A. 委托加工货物应向Y市主管税务机关申报缴纳增值税
B. 委托加工货物应向S市主管税务机关解缴代收的消费税
C. 进口货物应向W市海关申报缴纳增值税
D. 销售货物应向S市主管税务机关申报缴纳增值税

本题考核点
增值税销售额的确定

23.（2017年）根据增值税法律制度的规定，纳税人销售货物向购买方收取的下列款项中，属于价外费用的有（　）。
A. 延期付款利息　　　　B. 赔偿金
C. 手续费　　　　　　　D. 包装物租金

本题考核点
简易计税方法

24.（2017年）根据营业税改征增值税试点相关规定，一般纳税人发生的下列应税行为中，可以选择适用简易计税方法计缴增值税的有（　）。
A. 电影放映服务　　　　B. 文化体育服务
C. 收派服务　　　　　　D. 公交客运服务

本题考核点
消费税征税范围

25.（2017年）2016年12月甲酒厂发生的下列业务中，应缴纳消费税的有（　）。
A. 将自产高度白酒继续加工成低度白酒
B. 将自产低度白酒奖励职工
C. 将自产高度白酒馈赠客户
D. 将自产低度白酒用于市场推广

本题考核点
增值税进项税额抵扣

26.（2016年）根据增值税法律制度的规定，一般纳税人购进货物的下列进项税额中，不得从销项税额中抵扣的有（　）。
A. 因管理不善造成被盗的购进货物的进项税额
B. 被执法部门依法没收的购进货物的进项税额
C. 被执法部门强令自行销毁的购进货物的进项税额
D. 因地震造成毁损的购进货物的进项税额

本题考核点
消费税纳税义务发生时间

27.（2016年）根据消费税法律制度的规定，下列关于消费税纳税义务发生时间的表述中，正确的有（　）。
A. 纳税人委托加工应税消费品的，为签订委托加工合同的当天
B. 纳税人进口应税消费品的，为报关进口的当天
C. 纳税人自产自用应税消费品的，为移送使用当天
D. 纳税人采用预收货款结算方式销售货物的，为发出应税消费品的当天

三、判断题

1. (2019年)被保险人获得的保险赔付应征收增值税。（　）
2. (2019年)根据国家指令无偿提供用于公益事业的铁路运输服务应征收增值税。（　）
3. (2019年)个人取得的存款利息应征收增值税。（　）
4. (2019年)航空运输企业的增值税销售额包括代收的机场建设费(民航发展基金)和代售其他航空运输企业客票而代收转付的价款。（　）
5. (2019年)甲酒店为增值税小规模纳税人，出售其拥有的临街店铺，可自行开具增值税专用发票。（　）
6. (2019年)个人销售自建自用住房，应缴纳增值税。（　）
7. (2018年)融资性售后回租业务，应按照"租赁服务"税目计缴增值税。（　）
8. (2018年)增值税起征点的适用范围限于个人，且不适用于登记为一般纳税人的个体工商户。（　）
9. (2018年)纳税人兼营免税、减税项目的，应当分别核算免税、减税项目的营业额；未分别核算营业额的，不得免税、减税。（　）
10. (2018年)银行增值税的纳税期限为1个月。（　）
11. (2017年)会计核算不健全，不能向税务机关准确提供增值税销项税额、进项税额以及应纳税额数据的增值税一般纳税人，不得领购开具增值税专用发票。（　）
12. (2017年)甲电器商场向消费者个人销售的传真机，可以开具增值税专用发票。（　）
13. (2017年)一般纳税人提供的公共交通运输服务，可以选择适用简易计税方法计缴增值税。（　）
14. (2017年)烟草批发企业将卷烟销售给其他烟草批发企业的，应缴纳消费税。（　）
15. (2017年)电动汽车不征消费税。（　）
16. (2016年)外购进口的原属于中国境内的货物，不征收进口环节增值税。（　）

判断题考核点

1. 不征收增值税项目
2. 不征收增值税项目
3. 不征收增值税项目
4. 增值税销售额的确定
5. 小规模纳税人自行开具增值税专用发票的行业
6. 个人的增值税税收优惠
7. 增值税征税范围
8. 增值税纳税人的分类
9. 增值税销售额的确定
10. 增值税纳税期限
11. 增值税专用发票使用规定
12. 增值税专用发票使用规定
13. 简易计税方法
14. 消费税征税范围
15. 消费税征税范围
16. 增值税的征税范围

四、不定项选择题

本题考核点
金融服务、销售自己使用过的固定资产的相关增值税计算

1. （2019年）某商业银行为增值税一般纳税人，2019年第二季度经营情况如下：

（1）提供贷款服务取得含增值税利息收入6360万元，支付存款利息2862万元，提供直接收费金融服务取得含增值税销售额1272万元。

（2）发生金融商品转让业务，金融商品卖出价2289.6万元，相关金融商品买入价2120万元。第一季度金融商品转让出现负差58.3万元。

（3）购进各分支经营用设备一批，取得增值税专用发票注明税额80万元，购进办公用品，取得增值税专用发票注明税额16万元；购进办公用小汽车一辆，取得增值税专用发票注明税额3.52万元，购进用于职工福利的货物一批取得增值税专用发票注明税额0.32万元。

（4）销售自己使用过的一批办公设备，取得含增值税销售额10.51万元，该批办公设备2013年购入，按固定资产核算。

已知：金融服务增值税税率为6%；销售自己使用过的固定资产，按照简易办法依照3%征收率减按2%征收增值税；取得的扣税凭证已通过税务机关认证。

要求：根据上述资料，不考虑其他因素，分析回答下列小题。

（1）计算甲商业银行第二季度贷款服务和直接收费金融服务增值税销项税额的下列算式中，正确的是（ ）。

A．（6360－2862）÷（1+6%）×6% +1272×6% =274.32（万元）

B．（6360－2862+1272）÷（1+6%）×6% =270（万元）

C．（6360+1272）×6% =457.92（万元）

D．（6360+1272）÷（1+6%）×6% =432（万元）

（2）计算甲商业银行第二季度金融商品转让增值税销项税额的下列算式中，正确的是（ ）。

A．2289.6÷（1+6%）×6% =129.6（万元）

B．（2289.6－2120－58.3）÷（1+6%）×6% =6.3（万元）

C．（2289.6－58.3）÷（1+6%）×6% =126.3（万元）

D．（2289.6－2120）×6% =10.18（万元）

(3)甲商业银行的下列进项税额中,准予从销项税额中扣除的是( )。

A. 购进办公用品的进项税额 16 万元

B. 购进各分支经营用设备的进项税额 80 万元

C. 购进办公用小汽车的进项税额 3.52 万元

D. 购进用于职工福利的货物进项税额 0.32 万元

(4)计算甲商业银行销售自己使用过的办公设备应缴纳增值税税额的下列算式中,正确的是( )。

A. 10.51÷(1+3%)×2%=0.2(万元)

B. 10.51÷(1+2%)×2%=0.21(万元)

C. 10.51÷(1+2%)×3%=0.31(万元)

D. 10.51÷(1+3%)×3%=0.31(万元)

2.(2019 年)甲旅游公司为增值税一般纳税人,主要从事旅游服务,2019 年 10 月有关经营情况如下:

(1)提供旅游服务取得含增值税收入 720.8 万元,替游客向其他单位支付交通费 53 万元、住宿费 25.44 万元、门票费 22.26 万元,并支付本单位导游工资 2.12 万元。

(2)将本年购入商铺对外出租,每月含增值税租金 10.9 万元,本月一次性收取 3 个月的含增值税租金 32.7 万元。

(3)购进职工通勤用班车,取得增值税专用发票注明税额 9.6 万元。

(4)购进广告设计服务,取得增值税专用发票注明税额 0.6 万元。

(5)购进电信服务,取得增值税专用发票注明税额 0.2 万元。

(6)购进会议展览服务,取得增值税专用发票注明税额 2.4 万元。

已知:旅游服务增值税税率为 6%,不动产租赁服务增值税税率为 9%,取得扣税凭证已通过税务机关认证;甲旅游公司提供旅游服务选择差额计税方法计缴增值税。

要求:根据上述资料,不考虑其他因素,分析回答下列小题。

(1)甲旅游公司的下列支出中,在计算当月旅游服务增值税销售额时,准予扣除的是( )。

> **本题考核点**
>
> 旅游服务、不动产租赁服务相关增值税计算

A. 门票费22.26万元

B. 交通费53万元

C. 导游工资2.12万元

D. 住宿费25.44万元

(2)计算甲旅游公司当月提供旅游服务增值税销项税额的下列算式中，正确的是( )。

A. （720.8-25.44-22.26）×6%＝40.39（万元）

B. （720.8-53-25.44-22.26）÷（1+6%）×6%＝35.1（万元）

C. （720.8-53-2.12）×6%＝39.94（万元）

D. （720.8-53-25.44-22.26-2.12）÷（1+6%）×6%＝34.98（万元）

(3)计算甲旅游公司当月出租商铺增值税销项税额的下列算式中，正确的是( )。

A. 32.7÷(1+9%)×9%＝2.7(万元)

B. 10.9×9%＝0.98(万元)

C. 10.9÷(1+9%)×9%＝0.9(万元)

D. 32.7×9%＝2.94(万元)

(4)甲旅游公司的下列进项税额中，准予从销项税额中抵扣的是( )。

A. 购进会议展览服务所支付的进项税额为2.4万元

B. 购进电信服务所支付的进项税额为0.2万元

C. 购进职工通勤用班车所支付的进项税额为9.6万元

D. 购进广告设计服务所支付的进项税额为0.6万元

本题考核点

进口业务增值税的计算

3. (2019年改)甲公司为增值税一般纳税人，主要从事小汽车生产和销售业务，2019年8月有关经营情况如下：

(1)进口生产用小汽车发动机，海关审定关税完税价格580万元，缴纳关税34.8万元，缴纳进口环节增值税并取得海关进口增值税专用缴款书。

(2)购进生产用零配件，取得增值税专用发票注明税额1.12万元；购进生产车间用电，取得增值税专用发票注明税额16万元；购进办公用品，取得增值税专用发票注明税额0.56万元；购进职工食堂用餐具，取得增值税专用发票注明税额0.32万元。

(3)向多家客户销售自产W型小汽车，甲公司已向客户分别开具增值税专用发票，不含增值税销售额合计 5085 万元，因个别客户资金紧张，当月实际收到不含增值税销售额 4746 万元。

(4) 将 100 辆自产 Z 型小汽车作为投资，提供给乙汽车租赁公司，将 2 辆自产 Z 型小汽车无偿赠送给关联企业丙公司，将 5 辆自产 Z 型小汽车奖励给优秀员工，将 1 辆自产 Z 型小汽车移送职工食堂使用。

已知：增值税税率为 13%，取得的扣税凭证已通过税务机关认证。

要求：根据上述资料，不考虑其他因素，分析回答下列小题。

(1) 计算甲公司当月进口小汽车发动机应缴纳增值税税额的下列算式中，正确的是（　）。

A.（580+34.8）×13% =79.92（万元）

B. 580×13% =75.4（万元）

C.（580+34.8）÷(1+13%)×13% =70.73（万元）

D. 580÷(1+13%)×13% =66.73（万元）

(2) 甲公司当月下列进项税额中，准予从销项税额中抵扣的是（　）。

A. 购进办公用品的进项税额 0.56 万元

B. 购进生产车间用电的进项税额 16 万元

C. 购进生产用零配件的进项税额 1.12 万元

D. 购进职工食堂用餐具的进项税额 0.32 万

(3) 计算甲公司当月销售 W 型小汽车增值税销项税额的下列算式中，正确的是（　）。

A. 4746÷(1+13%)×13% =546（万元）

B. 5085×13% =661.05（万元）

C. 5085÷(1+13%)×13% =585（万元）

D. 4746×13% =616.98（万元）

(4) 甲公司当月自产 Z 型小汽车的下列业务中，属于增值税视同销售货物行为的是（　）。

A. 将 100 辆作为投资提供给乙汽车租赁公司

B. 将 5 辆奖励给优秀员工

C. 将 2 辆无偿赠送给关联企业丙公司

> **本题考核点**
>
> 增值税的计算、增值税进项税额抵扣、消费税征税范围、消费税的计算

D. 将 1 辆移送给职工食堂使用

4. (2018年改)甲公司为增值税一般纳税人,主要从事化妆品生产和销售业务。2019年9月有关经营情况如下:

(1)进口一批高档护肤类化妆品,海关核定的关税完税价格85万元,已缴纳关税4.25万元。

(2)购进生产用化妆包,取得增值税专用发票注明税额16万元;支付其运输费,取得增值税专用发票注明税额0.4万元,因管理不善该批化妆包全部丢失。

(3)委托加工高档美容类化妆品,支付加工费取得增值税专用发票注明税额64万元。

(4)购进生产用酒精,取得增值税专用发票注明税额12.8万元。

(5)销售自产成套化妆品,取得含增值税价款678万元,另收取包装物押金3.39万元。

已知:增值税税率为13%;高档化妆品消费税税率为15%。取得的扣税凭证均已通过税务机关认证。

要求:根据上述资料,不考虑其他因素,分析回答下列小题。

(1)计算甲公司进口高档护肤类化妆品增值税税额的下列算式中,正确的是( )。

A. (85+4.25)×13% = 11.6(万元)

B. 85÷(1−15%)×13% = 13(万元)

C. (85+4.25)÷(1−15%)×13% = 13.65(万元)

D. 85×13% = 11.05(万元)

(2)甲公司的下列进项税额中,准予从销项税额中抵扣的是( )。

A. 支付加工费的进项税额64万元

B. 支付运输费的进项税额0.4万元

C. 购进生产用酒精的进项税额12.8万元

D. 购进生产用化妆包的进项税额16万元

(3)甲公司的下列业务中,应缴纳消费税的是( )。

A. 委托加工高档美容类化妆品

B. 购进生产用酒精

C. 购进生产用化妆包

D. 进口高档护肤类化妆品

(4)计算甲公司销售自产成套化妆品消费税税额的下列算式中,正确的是( )。

A. 678÷(1+13%)×15%=90(万元)

B. 678×15%=101.7(万元)

C. [678÷(1+13%)+3.39]×15%=90.51(万元)

D. (678+3.39)÷(1+13%)×15%=90.45(万元)

5.(2018年改)甲公司为增值税一般纳税人,主要从事空调生产销售业务。2019年7月有关经营情况如下:

(1)采取预收货款方式向乙公司销售W型空调100台,每台含税售价为3390元,甲公司给予每台339元折扣额的价格优惠。双方于7月2日签订销售合同,甲公司7月6日收到价款,7月20日发货并向对方开具发票,销售额和折扣额在同一张发票上分别注明,乙公司7月22日收到空调。

(2)销售Y型空调3000台,每台含税售价为2825元。公司业务部门领用10台Y型空调用于奖励优秀员工,公司食堂领用2台Y型空调用于防暑降温。

(3)购进原材料一批,取得增值税专用发票注明税额96000元;向丙公司支付新产品设计费,取得增值税专用发票注明税额3000元;支付销售空调运输费用,取得增值税专用发票注明税额500元;支付招待客户餐饮费用,取得增值税普通发票注明税额120元。

已知:销售货物增值税税率为13%。取得的增值税专用发票均已通过税务机关认证。

要求:根据上述资料,不考虑其他因素,分析回答下列小题。

(1)甲公司销售W型空调,其增值税纳税义务发生时间是( )。

A. 7月2日　　　　B. 7月22日

C. 7月20日　　　D. 7月6日

(2)计算甲公司当月销售W型空调增值税销项税额的下列算式中,正确的是( )。

A. 100×(3390−339)÷(1+13%)×13%=35100(元)

B. 100×3390÷(1+13%)×13%=39000(元)

> **本题考核点**
>
> 增值税纳税义务发生时间、增值税的计算、增值税进项税额抵扣

C. 100×(3390−339)×13%＝39663(元)

D. 100×3390×13%＝44070(元)

(3)计算甲公司当月销售及领用Y型空调增值税销项税额的下列算式中，正确的是( )。

A. （3000+10+2）×2825×13%＝1106157(元)

B. 3000×2825×13%＝1101750(元)

C. （3000+2）×2825÷(1+13%)×13%＝975650(元)

D. （3000+10+2）×2825÷(1+13%)×13%＝978900(元)

(4)甲公司的下列进项税额中，准予从销项税额中抵扣的是( )。

A. 支付销售空调运输费用的进项税额500元

B. 支付招待客户餐饮费用的进项税额120元

C. 购进原材料的进项税额96000元

D. 支付新产品设计费的进项税额3000元

参考答案及详细解析

一、单项选择题

1. D 【解析】征税对象又称课税对象是指税法规定的对什么征税,是征纳税双方权利义务共同指向对象,是区别一种税与另一种税的重要标志。

2. B 【解析】海关主要负责下列税收的征收和管理:(1)关税;(2)船舶吨税;(3)委托代征的进口环节增值税、消费税。

3. A 【解析】包装物租金属于价外费用,需要计入销售额计算增值税;啤酒、黄酒的包装物押金在收取时不征收增值税,逾期时计算缴纳增值税。

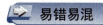

包装物押金与包装物租金

销售方式	销售额的确定
包装物押金	(1)收取的1年以内的押金并且未超过合同规定期限(未逾期),单独核算的,不并入销售额 【注意】销售除啤酒、黄酒以外的其他酒类产品而收取的包装物押金,无论是否返还以及会计上如何核算,均应并入当期销售额征收增值税 (2)收取的1年以内的押金但超过合同规定期限(逾期),单独核算的,应并入销售额(视为含税收入),按照所包装货物的适用税率征税 (3)已经收取1年以上的押金,应并入销售额(视为含税收入),按照所包装货物的适用税率征税
包装物租金	包装物租金属于价外费用,在销售货物时随同货款一并计算增值税款

4. B 【解析】纳税人为销售货物而出租、出借包装物收取的押金,单独记账核算的,且时间在1年以内,又未过期的,不并入销售额征税;但对因逾期未收回包装物不再退还的押金,应按所包装货物的适用税率计算增值税款。

5. C 【解析】进口环节应纳增值税税额=关税完税价格×(1+关税税率)×增值税税率

6. A 【解析】选项A,经营租赁服务属于现代服务——租赁服务;选项B,融资性售后回租属于金融服务——贷款服务;选项C,保险服务属于金融服务;选项D,文化体育服务属于生活服务。

7. B 【解析】选项A,委托其他纳税人代销货物,为收到代销单位的代销清单或者收到全部或部分货款的当天；选项 C，采取预收货款方式销售货物，为货物发出的当天，但生产销售生产工期超过 12 个月的大型机械设备、船舶、飞机等货物，为收到预收款或者书面合同约定的收款日期的当天；选项 D，纳税人生产经营活动中采取直接收款方式销售货物，已将货物移送对方并暂估销售收入入账，但既未取得销售款或取得索取销售款凭据也未开具销售发票的，其纳税义务发生时间为取得销售款或取得索取销售款凭据的当天；先开具发票的，为开具发票的当天。

8. A 【解析】药酒属于其他酒，其他酒采用从价计征，因此计税依据为不含增值税销售额 1000 万元。

9. B 【解析】馈赠客户、本厂工程车辆领用视同销售，计算缴纳消费税。

10. B 【解析】调味料酒不征消费税。

11. C 【解析】纳税人用于换取生产资料和消费资料、投资入股和抵偿债务等方面的应税消费品，应当以纳税人同类应税消费品的最高销售价格作为计税依据计算消费税。

12. D 【解析】进口环节应纳消费税税额＝(关税完税价格＋关税)÷(1－消费税比例税率)×消费税比例税率

13. C 【解析】选项 A，转让方为纳税人；选项 B，提供建筑安装服务方为纳税人；选项 D，单位以承包、承租、挂靠方式经营的，承包人、承租人、挂靠人(以下统称承包人)发生应税行为，承包人以发包人、出租人、被挂靠人(以下统称发包人)名义对外经营并由发包人承担相关法律责任的，以该发包人为纳税人。否则以承包人为纳税人。

14. B 【解析】选项 B，应作进项税额转出，而非视同销售。

	视同销售的各种情况
视同销售	(1)将货物交付其他单位或者个人代销
	(2)销售代销货物
	(3)设有两个以上机构并实行统一核算的纳税人，将货物从一个机构移送其他机构用于销售，但相关机构设在同一县(市)的除外
	(4)将自产或者委托加工的货物用于非增值税应税项目
	(5)将自产、委托加工的货物用于集体福利或者个人消费
	(6)将自产、委托加工或者购进的货物作为投资，提供给其他单位或者个体工商户
	(7)将自产、委托加工或者购进的货物分配给股东或者投资者
	(8)将自产、委托加工或者购进的货物无偿赠送其他单位或者个人

15. C 【解析】各种占用、拆借资金取得的收入,包括金融商品持有期间(含到期)利息(保本收益、报酬、资金占用费、补偿金等)收入、信用卡透支利息收入、买入返售金融商品利息收入、融资融券收取的利息收入,以及融资性售后回租、押汇、罚息、票据贴现、转贷等业务取得的利息及利息性质的收入,按照贷款服务缴纳增值税。选项AD,属于金融服务——直接收费金融服务;选项B,属于金融服务——金融商品转让。

16. D 【解析】折扣额与销售额在同一张发票上分别注明的,可以按照扣除后金额确认收入。本题为不含税收入,因此直接乘以税率即可。

折扣销售、销售折扣和销售折让的销售额的处理

销售方式	销售额的确定
商业折扣(折扣销售)	销售额和折扣额在同一张发票上分别注明的,可按折扣后的销售额征收增值税
现金折扣(销售折扣)	应当按照扣除现金折扣前的金额确定销售商品收入金额,不得从销售额中扣除折扣额,现金折扣计入"财务费用"
销售折让	在确认销售收入时直接按扣除销售折让后的金额确认,折让的增值税额可从当期销项税额中扣减

17. D 【解析】捐赠应视同销售,小规模纳税人零售收入与捐赠收入均为含税价格,因此一并换算为不含税金额再乘以征收率。

18. C 【解析】纳税人采取以旧换新方式销售货物的,应按新货物的同期销售价格确定销售额,不得扣减旧货物的收购价格。同时含税价格要做不含税的换算。
【思路点拨】亲,这里有一种特殊情况,就是金银首饰的核算,金银首饰以旧换新的,应按照销售方"实际收取"的不含增值税的全部价款征收增值税。

19. D 【解析】组成计税价格=成本×(1+成本利润率),因此选项D正确。

20. A 【解析】电影放映服务、仓储服务、装卸搬运服务、收派服务和文化体育服务可以选择适用简易计税方法计税,不允许抵扣进项税额。

21. B 【解析】选项ACD,均属于免税项目。选项B,属于应税服务。

22. C 【解析】选项C,纳税人提供租赁服务采取预收款方式的,为收到预收款的当天。

23. A 【解析】目前征收消费税的应税消费品有:烟、酒、高档化妆品、成品油、贵重首饰和珠宝玉石、鞭炮焰火、高尔夫球及球具、高档手表、游艇、木制一次性筷子、实木地板、小汽车、摩托车、电池、涂料,所以选项A正确。

24. C 【解析】选项C,购买方不缴纳消费税。

25. D 【解析】纳税人自产自用的应税消费品,用于连续生产应税消费品的,不纳税,因此选项D不纳税;用于其他方面的,于移送使用时纳税。用于其他方面,是指纳税人将自产自用的应税消费品用于生产非应税消费品、在建工程、管理部门、非生产机构、提供劳务、馈赠、赞助、集资、广告、样品、职工福利、奖励等方面。

26. C 【解析】选项C,电脑不属于消费税的征税范围。

27. D 【解析】选项D,高档化妆品在生产销售环节、进口环节以及委托加工环节征收消费税,零售环节不征。选项AB,将自产应税消费品用于集体福利、对外捐赠视同销售。选项C,金银首饰在零售环节征收消费税。

28. B 【解析】钻石饰品在零售环节缴纳消费税。

29. C 【解析】增值税=(226+5.454)÷(1+13%)×13%=26.63(万元);消费税=(226+5.454)÷(1+13%)×20%+2×1000×2×0.5/10000=41.17(万元);合计=26.63+41.17=67.8(万元)。

30. B 【解析】消费税税额=组成计税价格×消费税税率=成本×(1+成本利润率)÷(1-消费税税率)×消费税税率=17000×(1+5%)÷(1-15%)×15%=3150(元)。

31. C 【解析】纳税人用于换取生产资料和消费资料、投资入股和抵偿债务等方面的应税消费品,应当以纳税人同类应税消费品的最高销售价格作为计税依据计算消费税。

32. B 【解析】进口应税消费品应缴纳的增值税税额=(关税完税价格+关税)÷(1-消费税税率)×增值税税率。

33. B 【解析】因为3842000元是含税销售额,做不含税换算之后直接乘以消费税税率即可。所以消费税=3842000÷(1+13%)×15%=510000(元)。

34. D 【解析】销售额为含税价,需要作价税分离换算。

35. B 【解析】(1)选项AC,小规模纳税人实行简易征税办法,不得抵扣进项税额。(2)选项BD,一般情况下,小规模纳税人不得自行对外开具增值税专用发票,但可以申请税务机关代开。

36. D 【解析】选项ABC,照章缴纳增值税;选项D,农业生产者销售的自产农产品,免征增值税。

37. B 【解析】纳税人销售货物、劳务、服务、无形资产或者不动产适用免税规定的,可以放弃免税,依照有关规定缴纳增值税;纳税人放弃免税后,36个月内不得再申请免税。

38. C 【解析】选项A,在中国境内未设立机构、场所的,或者虽设立机构、场所但取得的所得与其所设机构、场所没有实际联系的非居民企业,就其取得的来源于中国境内的所得应缴纳的所得税,以支付人为扣缴义务人。选项B,中华人民共和国境外的单位或者个人在境内提供应税劳务,在境内未设有经营机构的,以其境内代理人为扣缴义务人;在境内没有代理人的,以购买方为扣缴义务人。选项D,从中国境外取得所得的,应当按照规定自行向税务机关办理纳税申报。

39. D 【解析】选项AC,应税销售行为的购买方为消费者个人的,不得开具增值税专用发票;选项B,商业企业一般纳税人零售烟、酒、食品、服装、鞋帽(不包括劳保专用部分)、化妆品等消费品的,不得开具增值税专用发票。

40. D 【解析】选项A,被保险人获得的保险赔付,不征收增值税;选项B,据国家指令无偿提供的铁路运输服务、航空运输服务,属于《营业税改征增值税试点实施办法》规定的用于公益事业的服务,不征收增值税;选项C,存款利息,不征收增值税;选项D,照章缴纳增值税。

41. A 【解析】选项B,出售住宅属于销售不动产;选项C,属于现代服务中的租赁服务;选项D,转让土地使用权属于转让无形资产。

42. B 【解析】选项A,按"现代服务——租赁服务"计缴增值税;选项CD,按照"销售无形资产"计缴增值税。

43. D 【解析】选项A,按照"销售服务——现代服务"中的文化创意服务税目计缴增值税;选项B,按照"销售服务——现代服务"中的租赁服务税目计缴增值税;选项C,按照"销售服务——现代服务"中的广播影视服务税目计缴增值税。

44. B 【解析】纳税人自产自用的应税消费品,用于连续生产应税消费品的,不纳税(选项B);凡用于其他方面的,于移送使用时,照章缴纳消费税(选项ACD)。

45. D 【解析】选项B,不属于消费税税目;选项AC,属于生产企业计征。

46. C 【解析】一般纳税人提供应税服务采取比例税率,提供有形动产租赁服务,税率为13%。选项AB,税率为9%;选项D,税率为6%。

47. D 【解析】小规模纳税人销售货物,应适用简易计税方法按照3%的征收率计算应纳税额,取得销售额含增值税的,应作价税分离计算应纳税额。小规模纳税人不得抵扣增值税进项税额。

48. A 【解析】消费税的征税范围:烟;酒;高档化妆品;贵重首饰及珠宝玉石;鞭炮、焰火;成品油;摩托车;小汽车;高尔夫球及球具;高档手表;游艇;木制一次性筷子;实木地板;电池;涂料。其中,小汽车包括乘用车和中轻型商用客车。

二、多项选择题

1. BCD 【解析】税务局主要负责下列税收的征收和管理:(1)国内增值税;(2)国内消费税;(3)企业所得税;(4)个人所得税;(5)资源税;(6)城镇土地使用税;(7)城市维护建设税;(8)印花税;(9)土地增值税;(10)房产税;(11)车船税;(12)车辆购置税;(13)烟叶税;(14)耕地占用税;(15)契税;(16)环境保护税;(17)出口产品退税(增值税、消费税),选项BCD正确。

2. ABC 【解析】选项 D，车辆停放服务、道路通行服务(包括过路费、过桥费、过闸费等)等按照不动产经营租赁服务缴纳增值税。

3. ABCD 【解析】一般纳税人购进的贷款服务、餐饮服务、居民日常服务和娱乐服务不得抵扣进项税额。

4. ABD 【解析】婚姻介绍服务、医疗机构提供的医疗服务免征增值税，选项 AB 正确；直接用于科学研究、科学实验和教学的进口仪器、设备免征增值税，选项 D 正确。

5. BCD 【解析】下列项目，不征收增值税：(1)根据国家指令无偿提供的铁路运输服务、航空运输服务，用于公益事业的服务；(2)存款利息；(3)被保险人获得的保险赔付；(4)房地产主管部门或者其指定机构、公积金管理中心、开发企业以及物业管理单位代收的住宅专项维修资金；(5)在资产重组过程中，通过合并、分立、出售、置换等方式，将全部或者部分实物资产以及与其相关联的债权、负债和劳动力一并转让给其他单位和个人，其中涉及的不动产、土地使用权转让行为；(6)纳税人在资产重组过程中，通过合并、分立、出售、置换等方式，将全部或者部分实物资产以及与其相关联的债权、负债和劳动力一并转让给其他单位和个人，不属于增值税的征税范围，其中涉及的货物转让，不征收增值税。

6. ABD 【解析】纳税人用于换取生产资料和消费资料、投资入股和抵偿债务等方面的应税消费品，应当以纳税人同类应税消费品的最高销售价格作为计税依据计算消费税。

7. ABD 【解析】白酒在生产销售、委托加工和进口环节征收消费税，零售销售白酒的零售商不属于消费税的纳税人。

8. ABCD 【解析】税法要素一般包括纳税义务人、征税对象、税目、税率、计税依据、纳税环节、纳税期限、纳税地点、税收优惠、法律责任等。

9. ACD 【解析】根据增值税法律制度的规定，将外购货物用于个人消费，其购进货物的进项税额不允许抵扣，不属于增值税视同销售货物的情形，而选项 ACD 三种情形属于增值税视同销售货物的情形。

10. ABCD 【解析】题目所述选项均属于视同销售货物范围。

11. BC 【解析】选项 AD，销售植物油与煤气不属于可以按照简易计税方法计税的范围。

12. ACD 【解析】选项 B，其他个人销售自己使用过的物品，免征增值税；企业销售自己使用过的固定资产，按照适用税率征收增值税。

13. ABC 【解析】增值税扣税凭证，是指增值税专用发票、海关进口增值税专用缴款书、农产品收购发票、农产品销售发票、完税凭证以及国内旅客运输发票(符合规定的)。

14. ABC 【解析】固定业户应当向其机构所在地税务机关申报纳税,因此选项 D 正确。
15. ACD 【解析】选项 B,商业企业一般纳税人零售鞋帽(不包括劳保专用部分)是不得开具增值税专用发票的。
16. BD 【解析】高档手机和私人飞机不属于消费税的征税范围。
17. ABCD 【解析】各选项均应缴纳消费税。
18. ABCD 【解析】黄金首饰在零售环节纳税,因此选项 A 应缴纳消费税。纳税人将自产自用的应税消费品用于生产非应税消费品、在建工程、管理部门、非生产机构、提供劳务、馈赠、赞助、集资、广告、样品、职工福利、奖励等方面,于移送使用时纳税,因此选项 BCD 正确。
19. CD 【解析】选项 AB,在生产销售环节征收消费税;选项 D,超豪华小汽车在生产和零售环节征收消费税。

特殊环节消费税的征收

税目	纳税环节
卷烟	生产销售环节+批发环节 【提示】批发环节加征:从价税率11%,并按0.005元/支加征从量税
金银首饰、铂金首饰、钻石及钻石饰品 (简称"金银铂钻")	零售环节 【提示】零售环节税率:5%
超豪华小汽车	生产销售环节+零售环节 【提示】不含增值税零售价格在 130 万元及以上的超豪华小汽车在零售环节加征10%的消费税

20. CD 【解析】烟叶不属于消费税的征税范围。
21. ABCD 【解析】题目所述选项均符合外购应税消费品已纳税款的扣除范围。

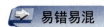

外购应税消费品和委托加工收回的应税消费品已纳税款的扣除

序号	外购应税消费品	委托加工收回应税消费品
(1)	外购已税烟丝生产的卷烟	以委托加工收回的已税烟丝为原料生产的卷烟
(2)	外购已税高档化妆品原料生产的高档化妆品	以委托加工收回的已税高档化妆品原料生产的高档化妆品

续表

序号	外购应税消费品	委托加工收回应税消费品
(3)	外购已税珠宝、玉石原料生产的贵重首饰及珠宝、玉石	以委托加工收回的已税珠宝、玉石原料生产的贵重首饰及珠宝、玉石
(4)	外购已税鞭炮、焰火原料生产的鞭炮、焰火	以委托加工收回的已税鞭炮、焰火原料生产的鞭炮、焰火
(5)	外购已税杆头、杆身和握把为原料生产的高尔夫球杆	以委托加工收回的已税杆头、杆身和握把为原料生产的高尔夫球杆
(6)	外购已税木制一次性筷子为原料生产的木制一次性筷子	以委托加工收回的已税木制一次性筷子为原料生产的木制一次性筷子
(7)	外购已税实木地板为原料生产的实木地板	以委托加工收回的已税实木地板为原料生产的实木地板
(8)	外购已税石脑油、润滑油、燃料油为原料生产的成品油	以委托加工收回的已税石脑油、润滑油、燃料油为原料生产的成品油
(9)	外购已税汽油、柴油为原料生产的汽油、柴油	以委托加工收回的已税汽油、柴油为原料生产的汽油、柴油

22. BCD 【解析】选项D,固定业户应当向其机构所在地税务机关申报纳税;选项AB,委托加工应税消费品除受托方是个人外,由受托方(甲公司)向机构所在地主管税务机关解缴税款;选项C,进口货物应向报关地海关申报纳税。

23. ABCD 【解析】销售货物时价外向买方收取的手续费、违约金、延期付款利息、赔偿金、包装费、优质费等均属于价外费用,无论会计上如何核算,均应计入销售额。

24. ABCD 【解析】题目所述选项均可选择适用简易计税方法计税。

25. BCD 【解析】纳税人自产自用的应税消费品,用于连续生产应税消费品的,不纳税;用于其他方面的,于移送使用时纳税。其他方面,是指纳税人将自产自用的应税消费品用于生产非应税消费品、在建工程、管理部门、非生产机构、提供劳务、馈赠、赞助、集资、广告、样品、职工福利、奖励等方面。

26. ABC 【解析】选项D,自然灾害不属于增值税法中规定的非正常损失,其进项税额可以正常抵扣。

27. BCD 【解析】选项A,纳税人委托加工应税消费品的,为纳税人提货的当天。

三、判断题

1. × 【解析】被保险人获得的保险赔付不征收增值税。
2. × 【解析】根据国家指令无偿提供的铁路运输服务、航空运输服务,属于《营业税改征增值税试点实施办法》规定的用于公益事业的服务,不征收增值税。

3. × 【解析】存款利息不征税增值税。
4. × 【解析】税法规定，航空运输企业的销售额，不包括代收的机场建设费和代售其他航空运输企业客票而代收转付的价款。
5. × 【解析】住宿业、建筑业和鉴证咨询业等行业小规模纳税人试点自行开具增值税专用发票(销售其取得的不动产除外)，税务机关不再代开。
6. × 【解析】个人销售自建自用住房，免征增值税。
7. × 【解析】融资性售后回租按照贷款服务缴纳增值税。
8. √ 【解析】增值税起征点仅适用于个体工商户和其他个人，但不适用于认定为一般纳税人的个体工商户。即：增值税起征点仅适用于按照小规模纳税人纳税的个体工商户和其他个人。
9. √
10. × 【解析】以1个季度为纳税期限的规定适用于小规模纳税人、银行、财务公司、信托投资公司、信用社，以及财政部和国家税务总局规定的其他纳税人。
11. √
12. × 【解析】应税销售行为的购买方为消费者个人的，不得开具增值税专用发票。
13. √
14. × 【解析】烟草批发企业之间销售卷烟，不缴纳消费税。
15. √
16. × 【解析】根据增值税法规定，报关进口的应税货物，均属于增值税的征税范围。

四、不定项选择题

1. (1) D；(2) B；(3) ABC；(4) A。

【解析】(1) 贷款服务，以提供贷款服务取得的全部利息及利息性质的收入为销售额；直接收费金融服务，以提供直接收费金融服务收取的手续费、佣金、酬金、管理费、服务费、经手费、开户费、过户费、结算费、转托管费等各类费用为销售额。

(2) 金融商品转让，按照卖出价扣除买入价后的余额为销售额。转让金融商品出现的正负差，按盈亏相抵后的余额为销售额。

(3) 购进用于职工福利的货物，其进项税额不得抵扣，选项D错误。

(4) 销售自己使用过的固定资产，按照简易办法依照3%征收率减按2%征收增值税。

2. (1) ABD；(2) B；(3) A；(4) ABD。

【解析】(1) 试点纳税人提供旅游服务，可以选择以取得的全部价款和价外费用，扣除向旅游服务购买方收取并支付给其他单位或者个人的住宿费、餐饮费、交通费、签证费、门票费和支付给其他接团旅游企业的旅游费用后的余额为销售额。
(2)收入和支出的各项费用为含税收入，需要换算为不含税价。支付的导游工资不允许扣除。
(3)纳税人提供有形动产租赁服务采取预收款方式的，其纳税义务发生时间为收到预收款的当天。预收租金为含税金额，需要换算为不含税价款。
(4)选项C，外购的用于职工福利的货物、劳务、服务等的进项税额不得抵扣。

3. (1)A；(2)ABC；(3)B；(4)ABCD。
【解析】(1)进口环节缴纳的增值税=(关税完税价格+关税)×增值税税率，本题中海关核定的关税完税价格为580万元，关税为34.8万元，适用的增值税税率为13%，所以进口环节缴纳的增值税=(580+34.8)×13%=79.92万元。
(2)购进职工食堂用的餐具，属于给职工的福利，其对应的增值税不能抵扣，故选项D错误。
(3)增值税在实际开具增值税专用发票时，纳税义务已经发生，后面收回款项与纳税义务无关，故应缴纳的增值税金额=5085×13%=661.05万元。
(4)将自产的货物用于集体福利与个人消费、对外投资、无偿捐赠，应作视同销售，故选项ABCD都正确。

4. (1)C；(2)AC；(3)AD；(4)A。
【解析】(1)进口货物应缴纳的增值税税额=(关税完税价格+关税)÷(1-消费税税率)×13%=(85+4.25)÷(1-15%)×13%=13.65(万元)。
(2)因管理不善造成货物被盗、丢失、霉烂变质，以及因违反相关法律法规造成货物或者不动产被有关部门依法没收、销毁、拆除等情形不允许抵扣进项税额。
(3)生产、委托加工、进口高档美容、修饰类化妆品、高档护肤类化妆品和成套化妆品的纳税人应计算缴纳消费税。
(4)包装物押金不并入应税消费品的销售额中征税。应缴纳的消费税税额=678÷(1+13%)×15%=90(万元)。

5. (1)C；(2)A；(3)D；(4)ACD。
【解析】(1)采取预收款方式销售货物，增值税纳税义务发生时间为货物发出的当天。
(2)销售额和折扣额在同一张发票上分别注明的，可以抵减售价，属于商业折扣。含税售价需要做不含税的换算。
(3)Y型空调用于奖励以及食堂领用，均应视同销售。含税销售额要做不含税的换算。
(4)购进的贷款服务、餐饮服务、居民日常服务和娱乐服务不得做进项税额抵扣。

第五章 企业所得税、个人所得税法律制度

一、单项选择题

1. (2019年)根据企业所得税法律制度的规定,下列关于来源于中国境内、境外所得确定来源地的表述中,不正确的是( )。

    A. 提供劳务所得,按照劳务发生地确定
    B. 股息、红利等权益性投资收益所得,按照分配所得的企业所在地确定
    C. 动产转让所得,按照转让动产活动发生地确定
    D. 销售货物所得,按照交易活动发生地确定

    > 本题考核点
    > 企业所得税所得来源地的确定

2. (2019年)根据企业所得税法律制度的规定,企业中符合条件的固定资产可以缩短计提折旧年限,但不得低于税法规定折旧年限的一定比例,该比例最高为( )。

    A. 30% B. 40%
    C. 50% D. 60%

    > 本题考核点
    > 企业所得税税收优惠 加速折旧

3. (2019年)甲公司2018年年度利润总额2000万元,通过省教育部门向教育产业捐赠200万元,通过县民政部门向残疾人扶助项目捐赠5万元,已知公益性捐赠支出在年度利润总额的12%以内可扣除,甲公司在计算企业所得税应纳税额时,下列算式正确的是( )。

    A. (2000+200+5)×25%=551.25(万元)
    B. (2000+200)×25%=550(万元)
    C. 2000×25%=500(万元)
    D. (2000+5)×25%=501.25(万元)

    > 本题考核点
    > 企业所得税应纳税额的计算

4. (2019年)2018年甲企业实现利润总额600万元,发生公益性捐赠支出62万元。上年度未在税前扣除完的符合条件的公益性捐赠支出12万元。已知公益性捐赠支出在年度利润

    > 本题考核点
    > 企业所得税中捐赠支出的扣除标准

· 87 ·

总额12%以内的部分,准予扣除。计算甲企业2018年度企业所得税应纳税所得额时,准予扣除的公益性捐赠支出是( )。

A. 72万元　　　　　　B. 84万元
C. 60万元　　　　　　D. 74万元

本题考核点
企业所得税中减半征收的所得项目

5.(2019年)根据企业所得税法律制度的规定,企业从事下列项目的所得,减半征收企业所得税的是( )。

A. 花卉企业　　　　　B. 谷物企业
C. 中药材企业　　　　D. 蔬菜企业

本题考核点
个人所得税经营所得的不得扣除项目

6.(2019年)根据个人所得税法律制度的规定,个体工商户发生的下列支出中,在计算个人所得税应纳税所得额时不得扣除的是( )。

A. 非广告性的赞助支出

B. 合理的劳务保护支出

C. 实际支付给从业人员的合理的工资薪金支出

D. 按规定缴纳的财产保险费

本题考核点
个人所得税的纳税期限

7.(2019年)根据个人所得税法律制度的规定,居民个人从中国境外取得所得的,应当在取得所得的一定期限内向税务机关申报纳税,该期限是( )。

A. 次年6月1日至6月30日

B. 次年1月1日至3月1日

C. 次年3月1日至6月30日

D. 次年1月1日至1月31日

本题考核点
个人所得税每次收入的确定

8.(2019年)根据个人所得税法律制度的规定,下列各项中,以一个月内取得的收入为一次的是( )。

A. 偶然所得

B. 利息、股息、红利所得

C. 财产租赁所得

D. 财产转让所得

本题考核点
企业所得税纳税义务人

9.(2018年)根据企业所得税法律制度,下列公司中,不属于企业所得税纳税人的是( )。

A. 甲有限责任公司

B. 乙事业单位

C. 丙个人独资企业

D. 丁股份有限公司

10. (2018年)根据企业所得税法律制度的规定,下列各项中,属于不征税收入的是( )。
   A. 财政拨款
   B. 国债利息收入
   C. 接受捐赠收入
   D. 转让股权收入

   本题考核点
   企业所得税中的不征税收入

11. (2018年)根据企业所得税法律制度的规定,下列固定资产中,可以计提折旧扣除的是( )。
   A. 以融资租赁方式租出的固定资产
   B. 以经营租赁方式租入的固定资产
   C. 已足额提取折旧仍继续使用的固定资产
   D. 未投入使用的厂房

   本题考核点
   固定资产计提折旧的范围

12. (2018年)根据企业所得税法律制度的规定,在中国境内未设立机构、场所的非居民企业取得的来源于中国境内的下列所得中,以收入金额减除财产净值后的余额作为应纳税所得额的是( )。
   A. 转让财产所得
   B. 特许权使用费所得
   C. 股息所得
   D. 租金所得

   本题考核点
   非居民纳税人应纳税所得额的确定

13. (2018年)2017年6月,甲公司向境外乙公司分配股息折合人民币1000万元。已知预提所得税税率为10%,计算甲公司应代扣代缴企业所得税税款的下列算式中,正确的是( )。
   A. 1000×10%×50%=50(万元)
   B. 1000×10%=100(万元)
   C. 1000×(1-25%)×10%=75(万元)
   D. 1000×(1-25%)×10%×50%=37.5(万元)

   本题考核点
   非居民纳税人股息所得应纳企业所得税额的计算

14. (2018年)根据个人所得税法律制度的规定,个人购买符合规定的商业健康保险产品的支出,允许在当年计算工资、薪金所得应纳税所得额时在一定限额内予以税前扣除,该限额为( )。
   A. 3600元/年
   B. 2400元/年
   C. 3200元/年
   D. 2800元/年

   本题考核点
   个人所得税具体项目扣除标准

15. (2018年)根据个人所得税法律制度的规定,下列各项中,应缴纳个人所得税的是( )。

   本题考核点
   个人所得税征收范围

A. 年终加薪　　　　　　　　B. 托儿补助费
C. 差旅费津贴　　　　　　　D. 误餐补助

16. (2018年)2017年12月,李某在有奖销售活动中,购买了1000元商品,中奖一台价值3000元的电视机,领奖时支付交通运输费60元,已知偶然所得个人所得税税率为20%,计算李某当月收入应缴纳个人所得税税额的下列算式中,正确的是( )。

A. (3000-1000-60)×20%=388(元)
B. (3000-1000)×20%=400(元)
C. 3000×20%=600(元)
D. (3000-60)×20%=588(元)

17. (2017年改)2019年9月,甲电子公司销售一批产品,含增值税价格45.2万元。由于购买数量多,甲电子公司给予购买方9折优惠。已知增值税税率为13%,甲电子公司在计算企业所得税应纳税所得额时,应确认的产品销售收入为( )万元。

A. 40　　　　　　　　　　　B. 40.6
C. 45.2　　　　　　　　　　D. 36

18. (2017年)根据企业所得税法律制度的规定,下列各项中,应以同类固定资产的重置完全价值为计税基础的是( )。

A. 盘盈的固定资产
B. 自行建造的固定资产
C. 外购的固定资产
D. 通过捐赠取得的固定资产

19. (2017年)根据企业所得税法律制度的规定,企业发生的下列税金中,在计算企业所得税应纳税所得额时不得扣除的是( )。

A. 印花税
B. 车船税
C. 城镇土地使用税
D. 允许抵扣的增值税

20. (2017年)甲企业为创业投资企业,2014年2月采取股权投资方式向乙公司(未上市的中小高新技术企业)投资300万元,至2016年12月31日仍持有该股权。甲企业2016

年在未享受股权投资应纳税所得额抵扣的税收优惠政策前的企业所得税应纳税所得额为2000万元。已知企业所得税税率为25%，甲企业享受股权投资应纳税所得额抵扣的税收优惠政策。计算甲企业2016年度应缴纳企业所得税税额的下列算式中，正确的是( )。

A．（2000－300）×25%＝425（万元）
B．（2000－300×70%）×25%＝447.5（万元）
C．2000×70%×25%＝350（万元）
D．（2000×70%－300）×25%＝275（万元）

21．（2017年）根据个人所得税法律的规定，下列各项中，暂减按10%税率征收个人所得税的是( )。

A．周某出租机动车取得的所得
B．夏某出租住房取得的所得
C．林某出租商铺取得的所得
D．刘某出租电子设备取得的所得

本题考核点
个人所得税税率

22．（2017年）个体工商户张某2016年度取得营业收入200万元，当年发生业务宣传费25万元，上年度结转未扣除的业务宣传费15万元。已知业务宣传费不超过当年营业收入15%的部分，准予扣除，个体工商户张某在计算当年个人所得税应纳税所得额时，允许扣除的业务宣传费金额为( )万元。

A．30   B．25
C．40   D．15

本题考核点
个人所得税中业务宣传费的扣除

23．（2017年）根据个人所得税法律制度的规定，下列情形中，应缴纳个人所得税的是( )。

A．王某将房屋无偿赠与其子
B．杨某将房屋无偿赠与其外孙女
C．张某转让自用达5年以上且唯一的家庭生活用房
D．赵某转让无偿受赠的商铺

本题考核点
个人所得税征税范围

24．（2016年）根据企业所得税法律制度的规定，下列关于企业所得税税前扣除的表述中，不正确的是( )。

A．企业发生的合理的工资薪金的支出，准予扣除
B．企业发生的职工福利费支出超过工资薪金总额的14%的部分，准予在以后纳税年度结转扣除

本题考核点
企业所得税税前扣除项目

C. 企业发生的合理的劳动保护支出，准予扣除

D. 企业参加财产保险，按照规定缴纳的保险费，准予扣除

本题考核点
个人所得税税目

25. (2016年)根据个人所得税法律制度，下列应按"工资、薪金所得"税目，征收个人所得税的是( )。

A. 单位全勤奖

B. 参加商场活动中奖

C. 出租闲置房屋取得的所得

D. 国债利息所得

本题考核点
企业所得税中非居民纳税人的确定

26. (2015年)根据企业所得税法律制度的规定，以下属于非居民企业的是( )。

A. 根据我国法律成立，实际管理机构在中国的丙公司

B. 根据外国法律成立，实际管理机构在我国的甲公司

C. 根据外国法律成立且实际管理机构在国外，在我国设立机构场所的乙公司

D. 根据我国企业法律成立，在国外设立机构场所的丁公司

二、多项选择题

本题考核点
不适用研究开发费用加计扣除政策的行业

1. (2019年)根据企业所得税法律制度的规定，下列行业中，不适用研究开发费用税前加计扣除政策的有( )。

A. 烟草制造业

B. 批发和零售业

C. 住宿和餐饮业

D. 租赁和商务服务业

本题考核点
不得在计算企业所得税税前扣除的项目

2. (2019年)根据企业所得税法律制度的规定，下列各项中，在计算企业所得税应纳税所得额时，不得扣除的有( )。

A. 罚金　　　　　　　B. 诉讼费用

C. 罚款　　　　　　　D. 税收滞纳金

本题考核点
企业所得税税收优惠中的免税所得

3. (2019年)根据企业所得税法律制度的规定，企业从事下列项目取得的所得，免征企业所得税的有( )。

A. 林木的培育和种植

B. 蔬菜种植

C. 海水养殖

D. 家禽养殖

第五章 企业所得税、个人所得税法律制度

4. (2019年)根据企业所得税法律制度的规定,在中国境内未设立机构、场所,有来源于中国境内所得的非居民纳税人,取得下列所得中,应根据收入全额纳税的有( )。

    A. 特许权使用费所得

    B. 股息红利所得

    C. 租金所得

    D. 转让财产所得

    本题考核点
    非居民企业的应纳税所得额

5. (2019年、2016年)根据企业所得税法律制度的规定,下列依照中国法律、行政法规成立的公司、企业中,属于企业所得税纳税人的有( )。

    A. 国有独资公司

    B. 合伙企业

    C. 个人独资企业

    D. 一人有限责任公司

    本题考核点
    企业所得税的纳税义务人

6. (2019年、2018年)下列属于生产性生物资产的有( )。

    A. 经济林   B. 薪炭林

    C. 产畜   D. 役畜

    本题考核点
    企业所得税中生物资产的范围

7. (2019年)根据个人所得税法律制度的规定,下列各项中,可以作为个人专项附加扣除的有( )。

    A. 子女抚养   B. 继续教育

    C. 赡养老人   D. 子女教育

    本题考核点
    个人所得税中综合所得的专项附加扣除

8. (2019年)根据个人所得税法律制度的规定,下列所得中,属于综合所得的有( )。

    A. 财产转让所得

    B. 工资、薪金所得

    C. 劳务报酬所得

    D. 财产租赁所得

    本题考核点
    个人所得税综合所得的项目

9. (2018年)根据企业所得税法律制度的规定,下列各项中,属于来源于中国境内所得的有( )。

    A. 甲国企业在中国境内提供咨询服务取得的收入

    B. 乙国企业转让中国境内公司股权取得的收入

    C. 丁国企业在中国境外为中国公司技术人员提供培训服务取得的收入

    D. 丙国企业通过其代理商在中国境内销售货物取得的收入

    本题考核点
    企业所得税中所得来源的确定

本题考核点
企业所得税的征税对象

10. (2018年)根据企业所得税法律制度的规定，下列所得中，属于企业所得税征税对象的有(　　)。

A. 在中国境内设立机构、场所的非居民企业，其机构、场所来源于中国境内的所得

B. 居民企业来源于中国境外的所得

C. 在中国境内未设立机构、场所的非居民企业来源于中国境外的所得

D. 居民企业来源于中国境内的所得

本题考核点
企业所得税税前扣除项目

11. (2018年)根据企业所得税法律制度的规定，企业缴纳的下列税金中，准予在企业所得税税前扣除的有(　　)。

A. 允许抵扣的增值税

B. 消费税

C. 土地增值税

D. 印花税

本题考核点
企业所得税的中视同销售行为

12. (2018年)根据企业所得税法律制度的规定，下列各项中，属于视同销售货物的有(　　)。

A. 将外购货物用于赞助

B. 将外购货物用于偿债

C. 将外购货物用于捐赠

D. 将外购货物用于广告

本题考核点
企业所得税中资产的计税基础的确定

13. (2018年)根据企业所得税法律制度的规定，下列无形资产中，应当以该资产的公允价值和支付的相关税费为计税基础的有(　　)。

A. 通过债务重组取得的无形资产

B. 自行开发的无形资产

C. 接受投资取得的无形资产

D. 接受捐赠取得的无形资产

本题考核点
企业所得税收入额的确定

14. (2018年)根据企业所得税法律制度的规定，下列各项中，在计算企业所得税应纳税所得额时，应计入收入总额的有(　　)。

A. 企业资产溢余收入

B. 逾期未退包装物押金收入

C. 确实无法偿付的应付款项

D. 汇兑收益

15. (2018 年)根据个人所得税法律制度的规定,个人取得的下列收入中,应按照"劳务报酬所得"税目计缴个人所得税的有( )。

   A. 某经济学家从非雇佣企业取得的讲学收入

   B. 某职员取得的本单位优秀员工奖金

   C. 某工程师从非雇佣企业取得的咨询收入

   D. 某高校教师从任职学校领取的工资

16. (2018 年)根据个人所得税法律制度的规定,下列各项中,应按照"特许权使用费所得"税目计缴个人所得税的有( )。

   A. 作家公开拍卖自己的小说手稿原件取得的收入

   B. 编辑在自己所任职的出版社出版专著所取得的收入

   C. 专利权人许可他人使用自己的专利取得的收入

   D. 商标权人许可他人使用的商标取得的收入

17. (2017 年)根据企业所得税法律制度的规定,下列各项中,属于企业取得收入的货币形式的有( )。

   A. 应收票据　　　　B. 应收账款

   C. 股权投资　　　　D. 银行存款

18. (2017 年)根据企业所得税法律制度的规定,下列关于收入确认的表述中,正确的有( )。

   A. 销售商品采用预收款方式的,在收到预收款时确认收入

   B. 销售商品采用托收承付方式的,在办妥托收手续时确认收入

   C. 销售商品采用支付手续费方式委托代销的,在收到代销清单时确认收入

   D. 销售商品需要安装和检验的,在收到款项时确认收入

19. (2017 年)根据企业所得税法律制度的规定,下列各项中,属于不征税收入的有( )。

   A. 依法收取并纳入财政管理的行政事业性收费

   B. 财政拨款

   C. 国债利息收入

   D. 接受捐赠收入

本题考核点
企业所得税中的长期待摊费用的范围

20.（2017年）根据企业所得税法律制度的规定，下列选项中，属于长期待摊费用的有（　　）。

A. 购入固定资产的支出

B. 固定资产的大修理

C. 租入固定资产的改建支出

D. 已足额提取折旧的固定资产的改建支出

本题考核点
个人所得税的优惠政策

21.（2017年）根据个人所得税法律制度的规定，下列各项中，免征个人所得税的有（　　）。

A. 保险赔款

B. 国家发行的金融债券利息

C. 军人转业费

D. 劳动分红

本题考核点
企业所得税税前扣除项目

22.（2015年）根据企业所得税法律制度规定，在计算所得税时，准予扣除的有（　　）。

A. 向客户支付的合同违约金

B. 向税务机关支付的税收滞纳金

C. 向银行支付的逾期利息

D. 向公安部门缴纳的交通违章罚款

本题考核点
企业所得税中所得来源的确定

23.（2015年）根据企业所得税法律制度的规定，下列关于所得来源地的确定，正确的有（　　）。

A. 销售货物所得，按照交易活动发生地确定

B. 不动产转让所得，按照转让不动产的企业或者机构、场所所在地确定

C. 股息、红利等权益性投资所得，按照分配所得的企业所在地确定

D. 权益性投资资产转让所得，按照投资企业所在地确定

本题考核点
个人所得税的优惠政策

24.（2015年）根据个人所得税法律制度的规定，下列各项中，暂免征收个人所得税的有（　　）。

A. 外籍个人以现金形式取得的住房补贴

B. 外籍个人从外商投资企业取得的股息、红利所得

C. 个人转让自用3年，并且是唯一的家庭生活用房取得的所得

D. 个人购买福利彩票，一次中奖收入1000元的所得

三、判断题

1. (2019年)企业从事蔬菜、谷物种植的所得免征企业所得税。( )

2. (2019年)职工因公出差乘坐交通工具发生的人身意外保险费支出,可以在计算企业所得税前进行扣除。( )

3. (2019年、2017年)企业对外投资期间,投资资产的成本在计算企业所得税应纳税所得额时不得扣除。( )

4. (2019年)居民企业在汇总计算缴纳企业所得税时,其境外营业机构的亏损不得抵减境内营业机构的盈利。( )

5. (2019年)企业应当自年度终了之日起5个月内,向税务机关报送年度企业所得税纳税申报表,并汇算清缴,结清应缴应退税款。( )

6. (2019年)在中国境内未设立机构、场所的非居民企业取得的财产转让所得,应以收入全额为企业所得税应纳税所得额。( )

7. (2019年)居民纳税人张某在甲企业累计消费达一定程度,通过额外抽奖的获奖所得,按照"偶然所得"项目计缴个人所得税。( )

8. (2018年)企业所得税非居民企业委托营业代理人在中国境内从事生产经营活动,该营业代理人视为非居民企业在中国境内设立的机构、场所。( )

9. (2018年)居民企业来源于中国境外的租金所得不征收企业所得税。( )

10. (2018年)企业所得税按年计征,分月或者分季预缴,年终汇算清缴,多退少补。( )

11. (2018年)职工的误餐补助属于工资薪酬性质的补贴收入,应计算个人所得税。( )

12. (2017年)企业从事花卉种植的所得,减半征收企业所得税。( )

13. (2017年)企业在年度中间终止经营活动的,应当自实际经营终止之日起60日内,向税务机关办理当期企业所得税汇算清缴。( )

14. (2017年)合伙企业的自然人合伙人,为个人所得税纳税人。( )

判断题考核点

1. 企业所得税免税所得
2. 企业发生的保险费是否准予在计算企业所得税前扣除
3. 投资资产的税务处理
4. 企业所得税亏损弥补
5. 企业所得税的纳税期限
6. 非居民企业应纳税所得额
7. 个人所得税——偶然所得
8. 企业所得税非居民纳税人机构场所的确定
9. 企业所得税的征税对象
10. 企业所得税纳税期限
11. 个人所得税征收范围
12. 企业所得税优惠政策
13. 企业所得税征收管理
14. 个人所得税纳税义务人

判断题考核点

15. 个人所得税征收范围
16. 个人所得税征收范围
17. 个人所得税征收形式
18. 企业所得税征税对象
19. 企业所得税销售收入的确定
20. 企业所得税优惠政策
21. 企业所得税征收管理

本题考核点

个人所得税综合所得、财产转让所得的计算、增值税财产转让所得的计算

---

15. (2017年)作者去世后其财产继承人的遗作稿酬免征个人所得税。（　）

16. (2017年)个人通过网络收购玩家的虚拟货币，加价后向他人出售取得的收入，不征收个人所得税。（　）

17. (2017年)偶然所得按次计征个人所得税。（　）

18. (2016年)企业接受捐赠所得不属于企业所得税的征税对象。（　）

19. (2015年)企业为促进商品销售，给予购买方的商业折扣应按扣除商业折扣后的余额确定销售收入，计算企业所得税应纳税额。（　）

20. (2015年)企业综合利用资源，生产符合国家产业政策规定的产品所取得的收入，免征企业所得税。（　）

21. (2015年)企业在一个纳税年度中间开业或者终止营业活动，使该纳税年度的实际经营期不足12个月的，应当以实际经营期为1个纳税年度。（　）

四、不定项选择题

1. (2019年)中国公民陈某为国内某大学教授。2019年1-4月有关收支情况如下：

(1)1月转让一套住房，取得含增值税销售收入945000元。该套住房原值840000元，系陈某2018年8月购入。本次转让过程中，发生合理费用5000元。

(2)2月获得当地教育部门颁发的区(县)级教育方面的奖金10000元。

(3)3月转让从公开发行市场购入的上市公司股票6000股，取得股票转让所得120000元。

(4)4月在甲电信公司购话费获赠价值390元的手机一部；获得乙保险公司支付的保险赔款30000元。

假设陈某2019年其他收入及相关情况如下：

(1)工资、薪金所得190000元，专项扣除40000元。

(2)劳务报酬所得8000元，稿酬所得5000元。

已知：财产转让所得个人所得税税率为20%；个人将购买不足2年的住房对外出售的，按照5%的征收率全额缴纳增值税。综合所得，每一纳税年度减除费用60000元；劳务报酬所得、稿酬所得以收入减除20%的费用后的余额为收

入额；稿酬所得的收入额减按70%计算。

个人所得税税率表(节选)
(综合所得适用)

级数	全年应纳税所得额	税率(%)	速算扣除数
1	不超过36000元的	3	0
2	超过36000元至144000元的部分	10	2520

要求：据上述资料，不考虑其他因素，分析回答下列小题。

(1)计算陈某1月转让住房应缴纳个人所得税税额的下列计算中，正确的是( )。

A.〔945000÷(1+5%)－840000－5000〕×20%＝11000(元)

B.〔945000÷(1+5%)－840000〕×20%＝12000(元)

C.(945000－840000)×20%＝21000(元)

D.(945000－840000－5000)×20%＝20000(元)

(2)计算陈某1月转让住房应缴纳增值税税额的下列算式中，正确的是( )。

A.(945000－840000)÷(1+5%)×5%＝5000(元)

B.945000÷(1+5%)×5%＝45000(元)

C.945000×5%＝47250(元)

D.(945000－840000)×5%＝5250(元)

(3)陈某的下列所得中，不缴纳个人所得税的是( )。

A.区(县)级教育方面的奖金10000元

B.获赠价值390元的手机

C.获得的保险赔款30000元

D.股票转让所得120000元

(4)计算陈某2019年综合所得应缴纳个人所得税税额的下列算式中，正确的是( )。

A.〔190000＋8000×(1－20%)＋5000×(1－20%)×70%－60000－40000〕×10%－2520＝7400(元)

B.(190000－60000－40000)×10%－2520＋8000×(1－20%)×3%＋5000×70%×3%＝6777(元)

C.(190000－60000－40000)×10%－2520＋8000×(1－20%)×3%＋5000×(1－20%)×70%×3%＝6756(元)

D.(190000＋8000＋5000×70%－60000－40000)×10%－2520＝7630(元)

本题考核点

企业所得税的收入总额的计算、应纳税所得额不得扣除项目及计算、征收管理

2. (2019年)甲公司为居民企业,登记注册地在W市,企业所得税按季预缴。主要从事建筑材料生产和销售业务。2018年有关经营情况如下:

(1)建筑材料销售收入5000万元,生产设备出租收入60万元,国债利息收入1.5万元,存款利息收入0.8万元,存货盘盈0.2万元。

(2)发生的合理的劳动保护费支出2万元,因生产经营需要向金融企业借款利息支出3万元,直接向某大学捐款1万元,缴纳诉讼费用1.7万元。

(3)购置符合规定的安全生产专用设备一台,该设备投资额45万元,当年即投入使用。

(4)全年利润总额为280万元。

已知:企业所得税税率为25%。符合规定的安全生产专用设备的投资额的10%可以从企业当年的应纳税额中抵免。

要求:根据上述资料,不考虑其他因素,分析回答下列小题。

(1)甲公司的下列收入中,在计算2018年度企业所得税应纳税所得额时,应计入收入总额的是( )。

A. 存货盘盈0.2万元

B. 存款利息收入0.8万元

C. 生产设备出租收入60万元

D. 国债利息收入1.5万元

(2)甲公司的下列支出中,在计算2018年度企业所得税应纳税所得额时,不得扣除的是( )。

A. 向金融企业借款利息支出3万元

B. 合理的劳动保护费支出2万元

C. 诉讼费用1.7万元

D. 直接向某大学捐赠1万元

(3)计算甲公司2018年度企业所得税应纳税所得额的下列算式中,正确的是( )。

A. (280−1.5+1)×25%−45×10%=65.38(万元)

B. (280−1.5−0.8−0.2+3+1.7)×25%−45÷(1−10%)×10%=65.55(万元)

C. (280−1.5−0.2+1.7−45×10%)×25%=69.13(万元)

D.（280−60−0.8+2+3−45）×25%×(1−10%) = 40.32(万元)

(4) 下列关于甲公司2018年度企业所得税征收管理的表述中，正确的是（　）。

A. 甲公司应当自2018年度终了之日起5个月内，向税务机关报送年度企业所得税纳税申报表，并汇算清缴，结清应缴应退税款

B. 甲公司应向W市税务机关办理企业所得税纳税申报

C. 甲公司企业所得税2018纳税年度自2018年6月1日起至2019年5月31日止

D. 甲公司应当在季度终了之日起15日内向税务机关报送预缴企业所得税纳税申报表，预缴税款

3.（2018年）甲公司为居民企业，主要从事化工产品的生产和销售业务。2019年度有关经营情况如下：

(1) 取得销售商品收入9000万元，提供修理劳务收入500万元，出租包装物收入60万元，从其直接投资的未上市居民企业分回股息收益25万元。

(2) 发生符合条件的广告费支出1380万元，按规定为特殊工种职工支付的人身安全保险费18万元，合理的会议费8万元，直接向某敬老院捐赠6万元，上缴集团公司管理费10万元。

(3) 由于管理不善被盗库存商品一批。经税务机关审核，该批存货的成本为40万元，增值税进项税额为5.2万元；取得保险公司赔偿12万元，责任人赔偿2万元。

(4) 上年度尚未扣除的符合条件的广告费支出50万元。

已知：广告费和业务宣传费支出不超过当年销售(营业)收入15%的部分，准予扣除。

要求：根据上述资料，不考虑其他因素，分析回答下列小题。

(1) 甲公司的下列收入中，在计算2019年度企业所得税应纳税所得额时，应计入收入总额的是（　）。

A. 从其直接投资的未上市居民企业分回股息收益25万元

B. 销售商品收入9000万元

C. 出租包装物收入60万元

D. 提供修理劳务收入500万元

(2) 甲公司的下列费用中，在计算2019年度企业所得税应

本题考核点

企业所得税收入额的确定、企业所得税扣除项目、企业所得税中资产损失的税前扣除

纳税所得额时，准予扣除的是( )。

A. 上缴集团公司管理费 10 万元

B. 直接向某敬老院捐赠 6 万元

C. 合理的会议费 8 万元

D. 特殊工种职工人身安全保险费 18 万元

(3)甲公司在计算 2019 年度企业所得税应纳税所得额时，准予扣除的广告费支出是( )万元。

A. 1380　　　　　　　　B. 1430

C. 1434　　　　　　　　D. 1425

(4)甲公司在计算 2019 年度企业所得税应纳税所得额时，准予扣除被盗商品损失的下列算式中，正确的是( )。

A. 40+5.2−12−2=31.2(万元)

B. 40−12−2=26(万元)

C. 40+5.2−12=33.2(万元)

D. 40+5.2−2=43.2(万元)

本题考核点

企业所得税收入额的确定、扣除项目、捐赠、广告费和业务宣传费扣除标准

4. (2018 年)甲公司为居民企业，主要从事医药制造与销售业务，2017 年有关经营情况如下：

(1)药品销售收入 5000 万元，房屋租金收入 200 万元，许可他人使用本公司专利权获得特许权使用费收入 1000 万元，接受捐赠收入 50 万元；

(2)缴纳增值税 325 万元，城市维护建设税和教育费附加 32.5 万元，房产税 56 万元，印花税 3.9 万元；

(3)捐赠支出 90 万元，其中通过公益性团体向受灾地区捐款 35 万元，直接向丙大学捐款 55 万元，符合条件的广告费和业务宣传费支出 2100 万元；

(4)甲企业全年利润总额 480 万元。

已知：公益性捐赠支出，在年度利润总额 12% 以内的部分准予扣除，医药制造企业的广告费和业务宣传费，在不超过当年销售收入 30% 的部分准予扣除。

要求：根据上述材料，假定不考虑其他因素，分析回答下列小题。

(1)甲公司的下列收入中，应计入 2017 年度企业所得税收入总额的是( )。

A. 许可他人使用本公司专利权获得特许权使用费收入 1000

万元

B. 接受捐赠收入 50 万元

C. 房屋租金收入 200 万元

D. 药品销售收入 5000 万元

(2)下列各项中,在计算 2017 年度企业所得税应纳税所得额时,准予扣除的是( )。

A. 房产税 56 万元

B. 城市维护建设税和教育费附加 32.5 万元

C. 增值税 325 万元

D. 印花税 3.9 万元

(3)在计算甲公司 2017 年度企业所得税应纳税所得额时,准予扣除的捐赠支出是( )万元。

A. 90　　　　　　　　B. 32.5

C. 35　　　　　　　　D. 39

(4)在计算甲公司 2017 年度企业所得税应纳税所得额时,准予扣除的广告费和业务宣传费支出是( )万元。

A. 1816　　　　　　　B. 1875

C. 1860　　　　　　　D. 2100

参考答案及详细解析

一、单项选择题

1. C 【解析】选项 C，动产转让所得按照转让动产的企业或者机构、场所所在地确定。

2. D 【解析】采取缩短折旧年限方法的，对纳税人新购置的固定资产，最低折旧年限不得低于税法规定折旧年限的 60%。

3. C 【解析】企业发生的公益性捐赠支出，在年度利润总额 12% 以内的部分，准予在计算应纳税所得额时扣除。其扣除限额为 2000×12%＝240（万元），甲公司的公益性捐赠 200+5＝205（万元）未超过限额，所以甲公司 2018 年企业所得税应纳税额＝2000×25%＝500（万元）。

【思路点拨】亲，如果是企业发生的"直接捐赠"不可以税前扣除。

4. A 【解析】捐赠支出扣除限额＝利润总额×12%＝600×12%＝72（万元）；当年捐赠支出+上年结转＝74 万元，因此允许抵扣的捐赠支出为 72 万元。

5. A 【解析】下列所得减半计征：花卉、茶以及其他饮料作物和香料作物的种植；海水养殖、内陆养殖。选项 BCD 取得的所得免征企业所得税。

6. A 【解析】根据规定，个体工商户发生的赞助支出不得扣除。

7. C

8. C 【解析】选项 A，偶然所得，以每次取得该项收入为一次；选项 B，利息、股息、红利所得，以支付利息、股息、红利时取得的收入为一次；选项 C，财产租赁所得，以一个月内取得的收入为一次。

9. C 【解析】选项 C，根据税法相关规定，个人独资企业和合伙企业，不属于企业所得税纳税人，不缴纳企业所得税。

10. A 【解析】选项 B，属于免税收入，选项 CD，属于应税收入。

不征税收入和免税收入的区分

收入类别	具体内容
不征税收入	(1) 财政拨款； (2) 依法收取并纳入财政管理的行政事业性收费、政府性基金； (3) 国务院规定的其他不征税收入

续表

收入类别	具体内容
免税收入	(1)国债利息收入； (2)符合条件的居民企业之间的股息、红利等权益性收益(居民企业直接投资于其他居民企业取得的投资收益)； (3)在中国境内设立机构、场所的非居民企业从居民企业取得与该机构、场所有实际联系的股息、红利等权益性投资收益； (4)符合条件的非营利组织的收入； (5)对企业取得的2009年及以后年度发行的地方政府债券利息所得，免征企业所得税

11. D 【解析】房屋、建筑物以外未投入使用的固定资产不得计算折旧扣除。

12. A 【解析】对于在中国境内未设立机构场所的非居民企业来说，股息、红利等权益性投资收益和利息、租金、特许权使用费所得，以收入全额为应纳税所得额；转让财产所得，以收入全额减除财产净值后的余额为应纳税所得额。

13. B 【解析】(1)在中国境内未设立机构、场所的非居民企业取得的股息、红利等权益性投资收益和利息、租金、特许权使用费所得，以"收入全额"为应纳税所得额；(2)甲公司应代扣代缴企业所得税税额=1000×10%=100(万元)。

14. B 【解析】从2017年7月1日起，对个人购买符合规定的商业健康保险产品的支出，允许在当年(月)计算应纳税所得额时予以税前扣除，扣除限额为2400元/年(200元/月)。

15. A 【解析】选项BCD，不属于工资、薪金性质的补贴、津贴，不予征收个人所得税。

16. C 【解析】偶然所得无扣除项目，以全额计算应纳税额。

17. D 【解析】(1)商品销售涉及商业折扣的，应当按照扣除商业折扣后的金额确定销售商品收入金额；(2)应确认的产品销售收入=45.2÷(1+13%)×90%=36(万元)。

18. A 【解析】选项B，以竣工结算前发生的支出为计税基础；选项C，以购买价款和支付的相关税费以及直接归属于使该资产达到预定用途发生的其他支出为计税基础；选项D，以该资产的公允价值和支付的相关税费为计税基础。

19. D 【解析】选项ABC，在计算应纳税所得额时允许扣除。

20. B 【解析】(1)创业投资企业采取股权投资方式投资于未上市的中小高新技术企业2年以上的，可以按照其投资额的70%在股权持有满2年的当年抵扣该创业投资企业的应纳税所得额；当年不足抵扣的，可以在以后纳税年度结转抵扣。(2)甲企业2016年度应缴纳企业所得税税额=(2000-300×70%)×25%=447.5(万元)。

21. B 【解析】从2001年1月1日起,对个人出租住房取得的所得减按10%的税率征收个人所得税。

22. A 【解析】(1)个体工商户每一纳税年度发生的与其生产经营活动直接相关的广告费和业务宣传费不超过当年销售(营业)收入15%的部分,可以据实扣除;超过部分,准予在以后纳税年度结转扣除;(2)200×15%＝30(万元)<25＋15＝40(万元),按照限额扣除,即允许扣除的业务宣传费金额为30万元。

23. D 【解析】选项ABC免税。

房屋赠与涉及的各税收优惠

(1)房屋产权所有人将房屋产权无偿赠与直系血亲、承担抚养或赡养义务的抚养或赡养人、法定继承人、遗嘱继承人,不征收个人所得税。

(2)房屋赠与,受赠人要征收契税,但是对于《中华人民共和国继承法》规定的法定继承人(包括配偶、子女、父母、兄弟姐妹、祖父母、外祖父母)继承土地、房屋权属,不征契税。

(3)土地增值税只对有偿转让的房地产征税,对以继承、赠与等方式无偿转让的房地产,不予征税。此处的赠与是指赠与直系亲属或承担直接赡养义务人的行为以及通过中国境内非营利的社会团体、国家机关将房屋产权、土地使用权赠与教育、民政和其他社会福利、公益事业的行为。

24. B 【解析】企业发生的职工福利费支出超过工资薪金总额的14%的部分,不得在以后纳税年度结转扣除。

三项经费的相关规定

经费	扣除比例	超额是否可结转下年抵扣
职工福利费	实发工资薪金总额的14%	否
工会经费	实发工资薪金总额的2%	否
职工教育经费	实发工资薪金总额的8%	是

25. A 【解析】工资、薪金所得,是指个人因任职或受雇而取得的工资、薪金、奖金、年终加薪、劳动分红、津贴、补贴以及与任职或者受雇有关的其他所得。全

勤奖属于奖金,应按"工资、薪金"项目计征个人所得税。

26. C 【解析】非居民企业,是指依照外国(地区)法律成立且实际管理机构不在中国境内,但在中国境内设立机构、场所的,或者在中国境内未设立机构、场所,但有来源于中国境内所得的企业。

二、多项选择题

1. ABCD 【解析】下列行业不适用税前加计扣除政策:烟草制造业、住宿和餐饮业、批发和零售业、房地产业、租赁和商务服务业、娱乐业、财政部和国家税务总局规定的其他行业。

2. ACD 【解析】在计算应纳税所得额时,下列支出不得扣除:(1)向投资者支付的股息、红利等权益性投资收益款项;(2)企业所得税税款;(3)税收滞纳金;(4)罚金、罚款和被没收财物的损失;(5)超过规定标准的捐赠支出;(6)赞助支出;(7)未经核定的准备金支出;(8)企业之间支付的管理费、企业内营业机构之间支付的租金和特许权使用费,以及非银行企业内营业机构之间支付的利息,不得扣除;(9)与取得收入无关的其他支出。

3. ABD 【解析】选项 C,海水养殖、内陆养殖减半征收企业所得税。

4. ABC 【解析】在中国境内未设立机构、场所的,或者虽设立机构、场所但取得的所得与其所设机构、场所没有实际联系的非居民企业,其取得的来源于中国境内的所得,按照下列方法计算其应纳税所得额:(1)股息、红利等权益性投资收益和利息、租金、特许权使用费所得,以收入全额为应纳税所得额;(2)转让财产所得,以收入全额减除财产净值后的余额为应纳税所得额。

5. AD 【解析】选项 BC,合伙企业、个人独资企业不属于企业所得税的纳税人。

6. ABCD 【解析】生产性生物资产,是指企业为生产农产品、提供劳务或者出租等而持有的生物资产,包括经济林、薪炭林、产畜和役畜等。

7. BCD 【解析】综合所得中允许扣除的专项附加扣除包括:子女教育、继续教育、赡养老人、首套住房贷款利息、住房租金、大病医疗。

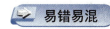

个人所得税专项扣除与专项附加扣除

项目	内容
专项扣除	符合规定的"三险一金"
专项附加扣除	(1)子女教育;(2)继续教育;(3)大病医疗;(4)住房贷款利息;(5)住房租金;(6)赡养老人

8. BC 【解析】综合所得包括工资薪金所得、劳务报酬所得、稿酬所得和特许权使

用费所得。

9. ABD 【解析】选项 ABD，收入发生地为我国，属于来源于中国境内所得。
10. ABD 【解析】选项 C，非居民企业来源于境外的所得不属于我国境内所得，不是企业所得税征税范围。
11. BCD 【解析】允许抵扣的增值税和企业所得税不允许在计算企业所得税时扣除。
12. ABCD 【解析】企业发生非货币性资产交换，以及将货物、财产、劳务用于捐赠、偿债、赞助、集资、广告、样品、职工福利或者利润分配等用途的，应当视为销售货物、转让财产或者提供劳务，但国务院财政、税务主管部门另有规定的除外。
13. ACD 【解析】通过捐赠、投资、非货币性资产交换、债务重组等方式取得的无形资产，以该资产的公允价值和支付的相关税费为计税基础；自行开发的无形资产，以开发过程中该资产符合资本化条件后至达到预定用途前发生的支出为计税基础。
14. ABCD 【解析】其他收入，是指企业取得《企业所得税法》第六条第（一）项至第八项规定的收入外的其他收入，包括企业资产溢余收入、逾期未退包装物押金收入、确实无法偿付的应付款项、已作坏账损失处理后又收回的应收款项、债务重组收入、补贴收入、违约金收入、汇兑收益等。
15. AC 【解析】选项 BD，按照"工资、薪金所得"征税。
【思路点拨】亲，注意区分"劳务报酬所得"和"工资薪金所得"。工资薪金所得是指在任职单位取得的所得，劳务报酬所得是在非任职单位取得的所得。
16. ACD 【解析】任职、受雇于报刊、杂志等单位的记者、编辑等专业人员，因在本单位的报刊、杂志上发表作品取得的所得，属于因任职、受雇而取得的所得，应与其当月工资收入合并，按"工资、薪金所得"项目征收个人所得税。
17. ABD 【解析】选项 C，属于企业取得收入的非货币形式。
18. BC 【解析】(1)选项 A，销售商品采取预收款方式的，在发出商品时确认收入。(2)选项 D，销售商品需要安装和检验的，在购买方接受商品以及安装和检验完毕时确认收入；如果安装程序比较简单，可在发出商品时确认收入。

销售货物收入确认的时间

收入类别	确认时间
采用托收承付方式	办妥托收手续时
采用预收款方式	发出商品时

第五章 企业所得税、个人所得税法律制度

续表

收入类别	确认时间
需要安装和检验	购买方接受商品以及安装和检验完毕时,但如果安装程序简单,则在发出商品时
采用支付手续费方式委托代销	收到代销清单时
采用分期收款方式	合同约定的收款日期
采取产品分成方式	分得产品的日期

19. AB 【解析】选项 C,属于免税收入;选项 D,属于应税收入。
20. BCD 【解析】在计算应纳税所得额时,企业发生的下列支出,作为长期待摊费用,按照规定摊销的,准予扣除:(1)已足额提取折旧的固定资产的改建支出。(2)租入固定资产的改建支出。(3)固定资产的大修理支出。
21. ABC 【解析】选项 ABC,均免征个人所得税;选项 D,按"工资、薪金所得"项目计算缴纳个人所得税。
22. AC 【解析】选项 BD,不得在企业所得税前扣除。
23. AC 【解析】选项 B,不动产转让所得,按照不动产所在地确定;选项 D,权益性投资资产转让所得,按照被投资企业所在地确定。
24. BD 【解析】外籍个人以非现金形式取得的住房补贴暂免征收个人所得税,选项 A 错误。外籍个人从外商投资企业取得的股息、红利所得暂免征收个人所得税,选项 B 正确。个人转让自用 5 年以上,并且是唯一的家庭生活用房取得的所得暂免征收个人所得税,选项 C 错误。个人购买福利彩票,一次中奖收入不超过 10000 元的暂免征收个人所得税,选项 D 正确。

三、判断题

1. √
2. √ 【解析】企业职工因公出差乘坐交通工具发生的人身意外保险费支出,准予企业在计算应纳税所得额时扣除。
3. √
4. √
5. √
6. × 【解析】在中国境内未设立机构、场所的非居民企业取得的转让财产所得,以收入全额减除财产净值后的余额为应纳税所得额。
7. √ 【解析】企业对累积消费达到一定额度的顾客,给予额外抽奖机会,个人的获奖所得,按照"偶然所得"项目,全额适用 20% 的税率缴纳个人所得税。
8. √ 【解析】非居民企业委托营业代理人在中国境内从事生产经营活动的,包括委

托单位或者个人经常代其签订合同，或者储存、交付货物等，该营业代理人视为非居民企业在中国境内设立的机构、场所。

9. ×【解析】居民企业应当就其来源于中国境内、境外的所得缴纳企业所得税。
10. √
11. ×【解析】误餐补助不属于工资、薪金性质的补贴、津贴，不予征收个人所得税。
12. √【解析】企业从事花卉、茶以及其他饮料作物种植，取得所得减半征收企业所得税。
13. √
14. √
15. ×【解析】作者去世后，财产继承人取得的遗作稿酬，也应收个人所得税。
16. ×【解析】个人通过网络收购玩家的虚拟货币，加价后向他人出售取得的收入，属于个人所得税应税所得，应按照"财产转让所得"项目计算缴纳个人所得税。
17. √
18. ×【解析】接受捐赠收入属于企业所得税征税对象。
19. √【解析】企业为促进商品销售而在商品价格上给予的价格扣除属于商业折扣，商品销售涉及商业折扣的，应当按照扣除商业折扣后的金额确定销售商品收入金额。
20. ×【解析】企业以规定的资源作为主要原材料，生产国家非限制和禁止并符合国家和行业相关标准的产品取得的收入，减按90%计入当年收入总额。
21. √

四、不定项选择题

1. (1)A；(2)B；(3)BCD；(4)A。

【解析】(1)财产转让所得应纳税额=(收入总额-财产原值-合理费用)×20%；945000为含增值税销售收入，需要换算为不含税收入。

(2)个人将购买不足2年的住房对外出售，按照5%的征收率全额缴纳增值税。945000为含增值税销售收入，需要换算为不含税收入。

(3)选项A，省级人民政府、国务院部委和中国人民解放军军以上单位，以及外国组织、国际组织颁发的科学、教育、技术、文化、卫生、体育、环境保护等方面的奖金免税，区(县)的奖金需要缴税。

(4)劳务报酬所得、稿酬所得、特许权使用费所得以收入减除20%的费用后的余额为收入额。稿酬所得的收入额减按70%计算。综合所得应纳税额=应纳税所得额×适用税率-速算扣除数=(每一纳税年度的收入额-费用6万元-专项扣除-依法确定的其他扣除)×适用税率-速算扣除数。

2. (1)ABCD;(2)D;(3)A;(4)ABD。

【解析】(1)企业以货币形式和非货币形式从各种来源取得的收入,为收入总额。包括:销售货物收入;提供劳务收入;转让财产收入;股息、红利等权益性投资收益,利息收入;租金收入;特许权使用费收入;接受捐赠收入;其他收入。

(2)根据规定,企业通过公益性社会组织或者县级(含县级)以上人民政府及其组成部门和直属机构,用于慈善活动、公益事业的捐赠支出,在本年度利润总额12%以内的部分,准予在计算应纳税所得额时扣除;超过年度利润总额12%的部分,准予结转以后三年内在计算应纳税所得额时扣除。所以直接向某大学的捐赠1万元,不得税前扣除,选项D正确。

(3)国债利息收入免征企业所得税。企业所得税应纳税所得额=[280(利润总额)−1.5(国债利息)+1(直接捐款)]×25%−45(安全生产专用设备投资额)×10%=65.38(万元)。

(4)选项C,纳税年度自公历1月1日起至12月31日止。

3. (1)ABCD;(2)CD;(3)B;(4)A。

【解析】(1)企业收入总额包括:销售货物收入;提供劳务收入;转让财产收入;股息、红利等权益性投资收益;利息收入;租金收入;特许权使用费收入;接受捐赠收入;其他收入。

(2)选项A,企业之间支付的管理费不得税前扣除;选项B,"直接"捐赠不符合公益性捐赠条件,不得税前扣除。

(3)销售(营业)收入=9000+500+60=9560(万元)。广告费和业务宣传费的扣除标准=9560×15%=1434(万元)。本期发生广告费支出1380万元,上年结转广告费支出50万元,总计1430万元<扣除标准。则1430万元可以全额扣除。

(4)管理不善造成的损失,进项税额需要转出,则净损失=40+5.2−12−2=31.2(万元)。

4. (1)ABCD;(2)ABD;(3)C;(4)C。

【解析】(1)企业以货币形式和非货币形式从各种来源取得的收入,为收入总额。包括:销售货物收入;提供劳务收入;转让财产收入;股息、红利等权益性投资收益;利息收入;租金收入;特许权使用费收入;接受捐赠收入;其他收入。

(2)除企业所得税和允许抵扣的增值税以外的各项税金及其附加,允许在税前扣除。

(3)企业发生的公益性捐赠支出,在年度利润总额12%以内的部分,准予在计算应纳税所得额时扣除。扣除限额=480×12%=57.6(万元)。直接向丙大学捐款55万元,不属于公益性捐赠,不得税前扣除。35万元<57.6万元,所以准予扣除的捐赠支出为35万元。

(4)医药制造企业的广告费和业务宣传费支出不超过当年销售(营业)收入30%的部分,准予在计算应纳税所得额时扣除。扣除限额=(5000+200+1000)×30%=1860万元,甲公司实际发生的广告费和业务宣传费支出为2100万元,已超过税法规定的扣除限额,所以只能以该限额1860万元作为准予税前扣除的广告费和业务宣传费支出金额。

第六章 其他税收法律制度

一、单项选择题

1. (2019年)根据车船税法律制度的规定,非机动驳船的计税依据是( )。
   A. 净吨位数
   B. 艇身长度
   C. 辆数
   D. 整备质量吨位数

   【本题考核点】车船税的计税依据

2. (2019年)2018年12月,甲企业当月应缴增值税30万元,实际缴纳20万元;应缴消费税28万元,实际缴纳12万元。已知教育费附加征收比率为3%,则该企业当月应缴纳的教育费附加计算正确的是( )。
   A. (30+28)×3%=1.74(万元)
   B. (20+12)×3%=0.96(万元)
   C. 30×3%=0.9(万元)
   D. 20×3%=0.6(万元)

   【本题考核点】应纳教育费附加的计算

3. (2019年)根据车辆购置税法律制度的规定,下列车辆中,不属于车辆购置税免税项目的是( )。
   A. 外国驻华使馆的自用小汽车
   B. 设有固定装置的非运输专用作业车辆
   C. 城市公交企业购置的公共汽电车辆
   D. 个人购买的经营用小汽车

   【本题考核点】车辆购置税的免税优惠

4. (2019年)根据契税法律制度的规定,下列各项中,属于契税纳税人的是( )。
   A. 受让土地使用权的单位
   B. 出租房屋的个人
   C. 承租房屋的个人
   D. 转让土地使用权的单位

   【本题考核点】契税的纳税人

> 本题考核点
> 印花税的征税范围

5. (2019年)根据印花税法律制度的规定,下列合同中,应征收印花税的是( )。
   A. 金融机构与小型、微型企业订立的借款合同
   B. 农民销售自产农产品订立的买卖合同
   C. 发电厂与电网之间签订的购售电合同
   D. 代理单位与委托单位之间签订的委托代理合同

> 本题考核点
> 城镇土地使用税的优惠政策

6. (2019年、2018年)根据城镇土地使用税法律制度的规定,下列城市用地中,不属于城镇土地使用税免税项目的是( )。
   A. 公园自用的土地
   B. 市政街道公共用地
   C. 国家机关自用的土地
   D. 企业生活区用地

> 本题考核点
> 房产税的计算

7. (2019年)2018年甲公司将一幢办公楼出租,取得含增值税租金92.43万元。已知增值税征收率为5%。房产税从租计征的税率为12%,下列关于甲公司2018年出租办公楼应缴纳房产税税额的计算中正确的是( )。
   A. 92.43÷(1+5%)×12%=10.56(万元)
   B. 92.43÷(1+5%)÷(1-12%)×12%=12(万元)
   C. 92.43÷(1-12%)×12%=12.6(万元)
   D. 92.43×12%=11.09(万元)

> 本题考核点
> 运往境外修理的货物的完税价格

8. (2019年)甲公司将一台设备运往境外修理,出境前向海关报关出口并在海关规定期限内复运进境,该设备经修理后的市场价格为500万元,经海关审定的修理费和料件费分别为15万元和20万元,计算甲公司该设备复运进境时进口关税完税价格的下列算式中,正确的是( )。
   A. 500-15=485(万元)
   B. 500-15-20=465(万元)
   C. 500+15+20=535(万元)
   D. 15+20=35(万元)

> 本题考核点
> 房产税的征税范围

9. (2018年)根据房产税法律制度的规定,下列各项中,不属于房产税征税范围的是( )。
   A. 农村村民的住宅
   B. 县城工业企业的办公楼

· 114 ·

C. 建制镇工业企业的厂房

D. 市区商场的地下停车场

10. (2018年)甲公司一处自用房产原值800000元,已知房产的原值减除比例为30%,房产税从价计征税率为1.2%,计算甲公司该房产全年应缴纳房产税税额的下列算式中正确的是( )。

　　A. 800000×1.2%×30%＝2880(元)

　　B. 800000×1.2%＝9600(元)

　　C. 800000×(1+30%)×1.2%＝12480(元)

　　D. 800000×(1-30%)×1.2%＝6720(元)

> 本题考核点
> 房产税应纳税额的计算

11. (2018年)根据房产税法律制度的规定,下列各项中,免征房产税的是( )。

　　A. 国家机关用于出租的房产

　　B. 公立学校附设招待所使用的房产

　　C. 公立幼儿园自用的房产

　　D. 公园附设饮食部使用的房产

> 本题考核点
> 房产税优惠政策

12. (2018年)甲贸易公司位于市区,实际占地面积为5000平方米,其中办公区占地4000平方米,生活区占地1000平方米。甲贸易公司还有一个位于农村的仓库,实际占地面积为1500平方米。已知城镇土地使用税适用税率每平方米税额为5元。计算甲贸易公司全年应缴纳城镇土地使用税税额的下列算式中,正确的是( )。

　　A. 5000×5＝25000(元)

　　B. (5000+1500)×5＝32500(元)

　　C. (4000+1500)×5＝27500(元)

　　D. 4000×5＝20000(元)

> 本题考核点
> 城镇土地使用税应纳税额的计算

13. (2018年)甲企业将价值400万元的房屋与乙企业价值500万元的土地使用权进行交换,并向乙企业支付100万元差价。已知契税适用税率为3%。计算甲企业该笔业务应缴纳契税税额的下列算式中,正确的是( )。

　　A. 400×3%＝12(万元)

　　B. 500×3%＝15(万元)

　　C. 100×3%＝3(万元)

　　D. (400+500)×3%＝27(万元)

> 本题考核点
> 契税应纳税额的计算

本题考核点
契税的征税范围

14.（2018年）根据契税法律制度的规定，下列行为中，应征收契税的是（ ）。
   A. 李某将商户抵押
   B. 乙公司受让国有土地使用权
   C. 王某继承商铺
   D. 甲商场出租摊位

本题考核点
土地增值税中增值额的计算

15.（2018年）2017年5月，某国有企业转让2009年5月在市区购置的一栋办公楼，取得不含税收入10000万元，签订产权转移书据，相关税费115万元，2009年购买时支付价款8000万元，办公楼经税务机关认定的重置成本价为12000万元，成新率70%。该企业在缴纳土地增值税时计算的增值额为（ ）万元。
   A. 400   B. 1485
   C. 1490   D. 200

本题考核点
土地增值税优惠政策

16.（2018年）根据土地增值税法律制度的规定，下列各项中，不属于土地增值税免税项目的是（ ）。
   A. 个人转让住房
   B. 因国家建设需要被政府批准收回的土地使用权
   C. 企业出售闲置办公用房
   D. 因城市规划需要被政府批准征用的房产

本题考核点
土地增值税的征税范围

17.（2018年）根据土地增值税法律制度的规定，下列行为中，应缴纳土地增值税的是（ ）。
   A. 国有土地使用权的转让
   B. 房地产的出租
   C. 国有土地使用权的出让
   D. 房产的继承

本题考核点
土地增值税纳税义务人

18.（2018年）根据土地增值税法律制度的规定，下列各项中，属于土地增值税纳税人的是（ ）。
   A. 出售厂房的工厂
   B. 受赠房屋的学校
   C. 承租商铺的个体工商户
   D. 出让国有土地使用权的市人民政府

本题考核点
印花税征税范围

19.（2018年改）下列不属于印花税征税范围的是（ ）。
   A. 餐饮服务许可证   B. 营业执照

C. 商标注册证　　　　　D. 不动产权证书

20. (2018年改) 甲公司与乙公司签订买卖合同，合同约定丙为担保人，丁为鉴定人。下列关于该合同印花税纳税人的表述中，正确的是(　　)。

    A. 甲、乙、丙和丁为纳税人
    B. 甲、乙和丁为纳税人
    C. 甲、乙为纳税人
    D. 甲、乙和丙为纳税人

本题考核点

印花税纳税义务人

21. (2018年) 根据车船税法律制度的规定，下列车船中，应缴纳车船税的是(　　)。

    A. 商用客车　　　　　B. 捕捞渔船
    C. 警用车船　　　　　D. 养殖渔船

本题考核点

车船税优惠政策

22. (2018年) 我国车船税的税率形式是(　　)。

    A. 地区差别比例税率
    B. 有幅度的比例税率
    C. 有幅度的定额税率
    D. 全国统一的定额税率

本题考核点

车船税税率

23. (2018年改) 根据车辆购置税法律制度规定，下列各项中，不属于车辆购置税征税范围的是(　　)。

    A. 有轨电车
    B. 汽车挂车
    C. 排气量超过一百五十毫升的摩托车
    D. 电动自行车

本题考核点

车辆购置税征税范围

24. (2018年) 某企业进口自用小汽车一辆，海关审定的关税完税价格为60万元，缴纳关税15万元，消费税25万元，已知车辆购置税税率为10%。有关车辆购置税税额的下列算式中，正确的是(　　)。

    A. (60+15)×10%＝7.5(万元)
    B. (60+25)×10%＝8.5(万元)
    C. (60+15+25)×10%＝10(万元)
    D. 60×10%＝6(万元)

本题考核点

车辆购置税应纳税额的计算

25. (2018年) 下列各项中，不征收环境保护税的是(　　)。

    A. 光源污染　　　　　B. 噪声污染
    C. 水污染　　　　　　D. 大气污染

本题考核点

环境保护税征税范围

本题考核点
关税税率

26.（2018年）根据关税法律制度的规定，下列应纳税额计算方法中，税率随着进口商品价格的变动而反方向变动的是（　）。

A. 滑准税计算方法　　　　B. 复合税计算方法
C. 从量税计算方法　　　　D. 从价税计算方法

本题考核点
关税应纳税额的计算

27.（2018年）2017年6月，甲公司进口一批货物，海关核定的货价100万元，货物运抵我国关境内输入地点起卸前的运费9万元、保险费3万元。已知关税税率为8%。甲公司当月该笔业务应缴纳关税税额的下列算式中，正确的是（　）。

A.（100＋9）×8％＝8.72（万元）
B.（100＋9＋3）×8％＝8.96（万元）
C.（100＋3）×8％＝8.24（万元）
D. 100×8％＝8（万元）

本题考核点
城市维护建设税的计税依据

28.（2018年）根据城市维护建设税法律制度的规定，纳税人向税务机关实际缴纳的下列税款中，应作为城市维护建设税计税依据的是（　）。

A. 城镇土地使用税　　　　B. 增值税
C. 房产税　　　　　　　　D. 土地增值税

本题考核点
资源税征收管理

29.（2018年）根据资源税法律制度的规定，纳税人以1个月为一期纳税的，自期满之日起一定期限内申报纳税，该期限为（　）日。

A. 10　　　　　　　　　　B. 15
C. 20　　　　　　　　　　D. 25

本题考核点
城市维护建设应纳税额的计算

30.（2018年）甲企业位于A市，本月应缴纳的增值税为7000元，实际缴纳的增值税为6000元；本月应缴纳的消费税为5000元，实际缴纳的消费税为4000元。该企业本月应该缴纳的城市维护建设税是（　）。

A.（7000＋5000）×7％＝840（元）
B.（6000＋4000）×7％＝700（元）
C.（7000＋5000）×5％＝600（元）
D.（6000＋4000）×5％＝500（元）

本题考核点
资源税的征税范围

31.（2018年）根据资源税法律制度的规定，下列各项中，不属于资源税征税范围的是（　）。

A. 天然卤水　　　　　　　B. 海盐

C. 原油　　　　　　D. 人造石油

32. (2017年)根据关税法律制度的规定,对原产于与我国签订含有关税优惠条款的区域性贸易协定的国家或地区的进口货物征收关税时,适用的税率形式是(　　)。

　　A. 最惠国税率　　　B. 普通税率
　　C. 特惠税率　　　　D. 协定税率

> 本题考核点
> 关税税率

33. (2017年)甲企业厂房原值2000万元,2015年11月对该厂房进行扩建,2015年底扩建完工并办理验收手续,增加房产原值500万元,已知房产税的原值扣除比例为30%,房产税比例税率为1.2%,计算甲企业2016年应缴纳房产税税额的下列算式中,正确的是(　　)。

　　A. 2000×(1−30%)×1.2%+500×1.2%=22.8(万元)
　　B. (2000+500)×(1−30%)×1.2%=21(万元)
　　C. 2000×1.2%+500×(1−30%)×1.2%=28.2(万元)
　　D. 2000×(1−30%)×1.2%=16.8(万元)

> 本题考核点
> 房产税应纳税额的计算

34. (2017年)根据契税法律制度的规定,下列行为中,应征收契税的是(　　)。

　　A. 甲公司出租地下停车场
　　B. 丁公司购买办公楼
　　C. 乙公司将房屋抵押给银行
　　D. 丙公司承租仓库

> 本题考核点
> 契税的征收范围

35. (2017年)2016年2月,周某以150万元价格出售自有住房一套,购进价格200万元住房一套。已知契税适用税率为5%,计算周某上述行为应缴纳契税税额的下列算式中,正确的是(　　)。

　　A. 150×5%=7.5(万元)
　　B. 200×5%=10(万元)
　　C. 150×5%+200×5%=17.5(万元)
　　D. 200×5%−150×5%=2.5(万元)

> 本题考核点
> 契税应纳税额的计算

36. (2017年)根据契税法律制度的规定,下列各项中,不征收契税的是(　　)。

　　A. 张某受赠房屋
　　B. 王某与李某互换房屋并向李某补偿差价款10万元
　　C. 赵某抵押房屋

> 本题考核点
> 契税的征税范围

D. 夏某购置商品房

本题考核点
土地增值税的纳税义务人

37. (2017年)根据土地增值税法律制度的规定,下列各项中,不属于土地增值税纳税人的是( )。
A. 出租住房的孙某
B. 转让国有土地使用权的甲公司
C. 出售商铺的潘某
D. 出售写字楼的乙公司

本题考核点
土地增值税优惠政策

38. (2017年)根据土地增值税法律制度的规定,下列各项中,免征土地增值税的是( )。
A. 由一方出地,另一方出资金,企业双方合作建房,建成后转让的房地产
B. 因城市实施规划、国家建设的需要而搬迁,企业自行转让原房地产
C. 企业之间交换房地产
D. 企业以房地产抵债而发生权属转移的房地产

本题考核点
城镇土地使用税的计税依据

39. (2017年)甲房地产开发企业开发一住宅项目,实际占地面积12000平方米,建筑面积24000平方米,容积率为2,甲房地产开发企业缴纳的城镇土地使用税的计税依据为( )平方米。
A. 18000　　　　　　　　B. 24000
C. 36000　　　　　　　　D. 12000

本题考核点
城市维护建设税应纳税额的计算

40. (2017年)2016年10月,甲公司向税务机关实际缴纳增值税70000元、消费税50000元;向海关缴纳进口环节增值税40000元、消费税30000元。已知城市维护建设税适用税率为7%,计算甲公司当月应缴纳城市维护建设税税额的下列算式中,正确的是( )。
A. (70000+50000+40000+30000)×7%=13300(元)
B. (70000+40000)×7%=7700(元)
C. (50000+30000)×7%=5600(元)
D. (70000+50000)×7%=8400(元)

本题考核点
车船税应纳税额的计算

41. (2017年)甲公司2016年拥有机动船舶10艘,每艘净吨位为150吨,非机动驳船5艘,每艘净吨位为80吨,已知机动船舶适用年基准税额为每吨3元,计算甲公司当年应缴纳车船税税额的下列算式中,正确的是( )。

A. （10×150+5×80）×3＝5700（元）
B. 10×150×3×50%＋5×80×3＝3450（元）
C. （10×150+5×80）×3×50%＝2850（元）
D. 10×150×3+5×80×3×50%＝5100（元）

42. (2017年)2016年7月，甲公司开发住宅社区经批准共占用耕地150000平方米，其中800平方米兴建幼儿园，5000平方米修建学校，已知耕地占用税适用税率为30元/平方米，甲公司应缴纳耕地占用税税额的下列算式中，正确的是(　　)。

A. 150000×30＝4500000（元）
B. （150000－800－5000）×30＝4326000（元）
C. （1500000－5000）×30＝4350000（元）
D. （150000－800）×30＝4476000（元）

43. (2016年改)下列各项中，以件数缴纳印花税的是(　　)。

A. 产权转移书据　　B. 买卖合同
C. 权利、许可证照　　D. 运输合同

44. (2015年)2014年甲盐场占地面积为300000平方米，其中办公用地35000平方米，生活区用地15000平方米，盐滩用地250000平方米。已知当地规定的城镇土地使用税每平方米年税额为0.8元。甲盐场当年应缴纳城镇土地使用税税额的下列计算中，正确的是(　　)。

A. （35000+250000）×0.8＝228000（元）
B. 300000×0.8＝240000（元）
C. （35000+15000）×0.8＝40000（元）
D. （15000+250000）×0.8＝212000（元）

45. (2015年)根据土地增值税法律制度的规定，下列各项中，属于土地增值税征税范围的是(　　)。

A. 房地产的出租　　B. 企业间房地产的交换
C. 房地产的代建　　D. 房地产的抵押

46. (2015年)根据关税法律制度的规定，进口原产于与我国共同适用最惠国条件的世界贸易组织成员国的货物，适用的关税税率是(　　)。

A. 特惠税率　　B. 普通税率
C. 协定税率　　D. 最惠国税率

二、多项选择题

本题考核点
土地增值税的征税范围

1. (2019年)根据土地增值税法律制度的规定,下列行为中应征收土地增值税的有( )。
   A. 个人出租不动产
   B. 企业出售不动产
   C. 企业转让国有土地使用权
   D. 政府出让国有土地使用权

本题考核点
印花税征税范围

2. (2019年)根据印花税法律制度的规定,下列各项中,属于印花税征收范围的有( )。
   A. 审计咨询合同
   B. 财产保险合同
   C. 技术中介合同
   D. 建筑工程分包合同

本题考核点
房产税纳税义务发生时间

3. (2018年)根据《房产税暂行条例》的规定,下列各项中,不符合房产税纳税义务发生时间规定的有( )。
   A. 纳税人将原有房产用于生产经营,从生产经营之次月起,缴纳房产税
   B. 纳税人自行新建房屋用于生产经营,从建成之次月起,缴纳房产税
   C. 纳税人委托施工企业建设的房屋,从办理验收手续之月起,缴纳房产税
   D. 纳税人购置新建商品房,自房屋交付使用之次月起,缴纳房产税

本题考核点
城镇土地使用税优惠政策

4. (2018年)根据城镇土地使用税法律制度的规定,下列各项中,免征城镇土地使用税的有( )。
   A. 直接用于农、林、牧、渔业的生产用地
   B. 市政街道、广场、绿化地带等公共用地
   C. 名胜古迹自用的土地
   D. 国家机关、人民团体、军队自用的土地

本题考核点
城镇土地使用税计税依据

5. (2018年)根据城镇土地使用税法律制度的规定,下列各项中,可以作为城镇土地使用税计税依据的有( )。
   A. 省政府确定的单位测定的面积
   B. 土地使用证书确认的面积
   C. 由纳税人申报的面积为准,核发土地使用证后做调整

D. 税务部门规定的面积

6. (2018年)根据契税法律制度的规定,下列各项中,属于契税征税范围的有( )。

   A. 房屋赠与
   B. 土地使用权转让
   C. 国有土地使用权出让
   D. 房屋继承

   本题考核点：契税征税范围

7. (2018年)根据烟叶税法律制度规定,下列各项中,属于烟叶税征收范围的有( )。

   A. 晾晒烟叶   B. 烟丝
   C. 卷烟   D. 烤烟叶

   本题考核点：烟叶税征收范围

8. (2017年)根据关税法律制度相关规定,下列各项进口货物中,实现从价加从量复合计税的有( )。

   A. 啤酒   B. 放像机
   C. 广播用录像机 D. 摄像机

   本题考核点：关税税率

9. (2017年)根据土地使用税法律制度的规定。下列城市用地中,应缴纳城镇土地使用税的有( )。

   A. 民航机场场内道路用地
   B. 商业企业经营用地
   C. 火电厂厂区围墙内的用地
   D. 市政街道公共用地

   本题考核点：城镇土地使用税优惠政策

10. (2017年)根据印花税法律制度的规定,下列各项中,属于印花税纳税人的有( )。

    A. 立据人
    B. 各类电子应税凭证的签订人
    C. 立合同人
    D. 立账簿人

    本题考核点：印花税纳税义务人

11. (2017年改)根据印花税法律制度的规定,下列合同和凭证中,免征印花税的有( )。

    A. 抢险救灾物资运输结算凭证
    B. 仓储合同
    C. 农林作物保险合同
    D. 租赁合同

    本题考核点：印花税优惠政策

· 123 ·

本题考核点
耕地占用税优惠政策

12. (2017年)根据耕地占用税法律制度的规定,下列各项中,免征耕地占用税的有( )。
   A. 公立学校教学楼占用耕地
   B. 厂区内机动车道占用耕地
   C. 军事设施占用耕地
   D. 医院内职工住房占用耕地

本题考核点
城镇土地使用税征税范围

13. (2017年)根据城镇土地使用税法律制度的相关规定,下列各项中属于城镇土地使用税的征收范围有( )。
   A. 集体所有的建制镇土地
   B. 集体所有的城市土地
   C. 集体所有的农村土地
   D. 国家所有的工矿区土地

本题考核点
土地增值税扣除项目

14. (2016年)计算土地增值税,旧房及建筑物可以扣除的金额有( )。
   A. 转让环节的税金
   B. 取得土地的地价款
   C. 评估价格
   D. 重置成本

本题考核点
车船税征税范围

15. (2016年)根据车船税法律制度的规定,下列各项中,属于车船税征税范围的有( )。
   A. 摩托车   B. 客车
   C. 货车   D. 火车

本题考核点
车船税征税范围

16. (2015年)根据车船税法律制度规定,以下属于车船税征税范围的有( )。
   A. 用于耕地的拖拉机
   B. 用于接送员工的客车
   C. 用于休闲娱乐的游艇
   D. 供企业经理使用的小汽车

本题考核点
契税优惠政策

17. (2015年)根据契税法律制度的规定,下列各项中免征契税的有( )。
   A. 国家机关承受房屋用于办公
   B. 纳税人承受荒山土地使用权用于农业生产
   C. 军事单位承受土地用于军事设施
   D. 城镇居民购买商品房用于居住

· 124 ·

三、判断题

1. (2019年)张某将自有房屋对外出租,不缴纳契税。( )
2. (2019年、2018年)公园内的索道公司经营用地,不缴纳城镇土地使用税。( )
3. (2019年)纳税人购置新建商品房,自房屋交付使用当月缴纳城镇土地使用税。( )
4. (2019年)建设直接为农业生产服务的生产设施占用税法规定的农用地的,不征收耕地占用税。( )
5. (2019年)农村集体土地承包经营权的转让不缴纳契税。( )
6. (2019年)机动车排放应税污染物应征收环境保护税。( )
7. (2019年)烟叶税的纳税人是烟叶农户。( )
8. (2018年)产权未确定以及租典纠纷未解决的,暂不征收房产税。( )
9. (2018年)王某转让位于市中心的一套房产,该交易涉及的契税应由王某申报缴纳。( )
10. (2018年)李某的住房在地震中灭失,在他重新购买住房时,税务机关可酌情予减征或者免征契税。( )
11. (2018年)财产所有人将财产赠给政府所立的书据免征印花税。( )
12. (2017年)无商业价值的广告品及货样,经海关审核无误后可以免征关税。( )
13. (2017年)房地产开发项目中同时包含普通住宅和非普通住宅的,应分别计算土地增值税的税额。( )
14. (2017年)纳税人建造普通标准住宅出售,增值额超过扣除金额20%的,应按全部增值额计算缴纳土地增值税。( )
15. (2017年)扣缴义务人代收代缴车船税的,纳税地点为扣缴义务人所在地。( )
16. (2017年)海盐属于资源税征税范围。( )
17. (2017年)对于从境外采购进口的原产于中国境内的货物,应按规定征收进口关税。( )
18. (2017年)纳税人将开采的原煤,自用于生产洗煤的,在原煤移送使用环节缴纳资源税。( )
19. (2017年)纳税人销售应税产品采用分期收款结算方式的,

判断题考核点

1. 契税的征税范围
2. 城镇土地使用税的税收优惠
3. 城镇土地使用税纳税义务发生时间
4. 耕地占用税的征税范围
5. 契税征税范围的原文表述
6. 环境保护税征税范围
7. 烟叶税的纳税人
8. 房产税优惠政策
9. 契税纳税义务人
10. 契税优惠政策
11. 印花税优惠政策
12. 关税优惠政策
13. 土地增值税计税依据
14. 土地增值税优惠政策
15. 车船税纳税义务人
16. 资源税征收范围
17. 关税征税范围
18. 资源税征收环节
19. 资源税纳税义务发生时间

其资源税纳税义务发生时间,为销售合同规定的收款日期的当天。( )

20. (2015年)房产税从价计征,是指以房产原值为计税依据。( )

21. (2015年)纳税人购置的新车船,购置当年车船税的应纳税额自纳税义务发生的次月起按月计算。( )

22. (2015年)进口货物适用的关税税率是以进口货物原产地为标准的。( )

23. (2015年)烟叶税在烟叶收购环节征收。( )

24. (2015年)房地产开发企业建造的商品房在出售前已经使用或出租、出借的,不缴纳房产税。( )

判断题考核点

20. 房产税计税依据
21. 车船税纳税义务发生时间
22. 关税税率
23. 烟叶税征收管理
24. 房产税征税范围

第六章 其他税收法律制度

参考答案及详细解析

一、单项选择题

1. A 【解析】机动船舶、非机动驳船、拖船,以净吨位数为计税依据。游艇以艇身长度为计税依据。

2. B 【解析】应纳教育费附加=实际缴纳增值税、消费税税额之和×征收比率。

3. D

4. A 【解析】在我国境内承受土地、房屋权属转移的单位和个人,为契税的纳税人。

5. C 【解析】选项A,金融机构与小型、微型企业签订的借款合同免征印花税;选项B,销售自产农产品订立的买卖合同和农业保险合同,免征印花税;选项C,发电厂与电网之间、电网与电网之间签订的购售电合同,按购销合同征收印花税;选项D,代理单位与委托单位之间签订的委托代理合同不征收印花税。

6. D 【解析】企业生活区用地正常纳税,没有优惠政策。

7. A 【解析】房产税从租计征,应纳税额=租金收入(不含增值税)×12%。

易错易混

房产税计税方法

计税方法	计税依据	税率	税额计算公式
从价计征	房产余值	1.2%	全年应纳税额=应税房产原值×(1−扣除比例)×1.2%
从租计征	房产租金	12%	全年应纳税额=(不含增值税)租金收入×12%

8. D 【解析】运往境外修理的机械器具、运输工具或其他货物,出境时已向海关报明并在海关规定期限内复运进境的,以经海关审定的修理费和料件费作为完税价格计征关税。本题完税价格=15+20=35(万元)。

9. A 【解析】房产税的征税范围不包括农村。

10. D 【解析】房产税依照房产原值一次减除30%后的余值和适用税率计算缴纳。

11. C 【解析】由国家财政部门拨付事业经费的单位(实得全额预算管理的事业单位)所有的、本身业务范围内使用的房产免征房产税。

12. A 【解析】位于农村的仓库不属于城镇土地使用税的征税范围。

13. C 【解析】房屋所有权与土地使用权之间相互交换,交换价格不相等的以交换的价格差额为计税依据,由多交付货币的一方缴纳契税。

14. B 【解析】选项ACD,不属于契税的征税范围。

15. B 【解析】增值额＝10000－115－12000×70％＝1485(万元)。旧房及建筑物按照评估价格扣除。

不同情况下的土地增值税扣除项目

企业类型	业务情况	扣除项目
房地产企业	转让新房	取得土地使用权所支付的地价款
		开发成本
		开发费用
		转让环节的税金
		其他扣除项目(加计扣除)
非房地产企业	转让新房	取得土地使用权所支付的地价款
		开发成本
		开发费用
		转让环节的税金
任何企业	转让旧房	取得土地使用权所支付的金额
		评估价格
		转让环节的税金
	转让未开发的土地	取得土地使用权所支付的金额
		转让环节税金

16. C 【解析】选项A,从2008年11月1日起,个人转让住房暂免征收土地增值税;选项BD,因国家建设需要被依法征用、收回的房地产,免征土地增值税。

17. A 【解析】土地增值税只对转让国有土地使用权的行为征税,对出让国有土地的行为不征税,选项A正确,选项C错误;土地增值税只对有偿转让的房地产征税,对以继承等方式无偿转让的房地产,不予征税,选项D错误。不动产的出租不涉及产权的转让,不征税,选项B错误。

18. A 【解析】选项BC,土地增值税的纳税义务人为"转让"国有土地使用权、地上建筑物及其附着物并取得收入的单位和个人。选项D,土地增值税只对转让国有土地使用权的行为征税，对出让国有土地的行为不征税。

19. A 【解析】不动产权证书、营业执照、商标注册证、专利证书按照"权利、许可证照"税目，计算缴纳印花税。

20. C 【解析】合同的当事人是印花税的纳税人，不包括合同的担保人、证人、鉴定人。

21. A 【解析】选项 BCD，免征车船税。

22. C 【解析】根据规定，对车船税实行有幅度的定额税率。

23. D 【解析】车辆购置税的征税范围包括汽车、有轨电车、汽车挂车、排气量超过一百五十毫升的摩托车。

24. C 【解析】纳税人进口自用的应税车辆的计税价格的计算公式为：计税价格=关税完税价格+关税+消费税。

25. A 【解析】环境保护税的征税范围是有关法律法规规定的大气污染物、水污染物、固体废物和噪声等应税污染物。光源污染不征收环境保护税。

26. A 【解析】税率随着进口商品价格的变动而反方向变动为滑准税计算方法。

27. B 【解析】本题中，以海关审定的货物成交价格加上运费和保险费为关税完税价格，再以该价格乘以适用税率为应缴纳的关税税额。选项 B 正确。

28. B 【解析】城建税的计税依据是纳税人实际缴纳的增值税、消费税税额，以及出口货物、劳务或者跨境销售服务、无形资产增值税免抵税额。

29. A 【解析】纳税人以 1 个月为一期纳税的，自期满之日起 10 日内申报纳税；以 1 日、3 日、5 日、10 日或者 15 日为一期纳税的，自期满之日起 5 日内预缴税款，于次月 1 日起 10 日内申报纳税并结清上月税款。

30. B 【解析】城市维护建设税的计税依据，是纳税人实际缴纳的增值税、消费税税额，以及出口货物、劳务或者跨境销售服务、无形资产增值税免抵税额。纳税人所在地区为市区的，税率为 7%。

31. D 【解析】人造石油不属于资源税的征税范围。

32. D 【解析】(1)选项 A，最惠国税率适用于：①原产于与我国共同适用"最惠国条款"的世界贸易组织成员国或地区的进口货物；②原产于与我国签订含有相互给予"最惠国待遇"的双边贸易协定的国家或者地区的进口货物；③"原产于我国"的进口货物。(2)选项 B，普通税率适用于原产于未与我国共同适用最惠国条款的世界贸易组织成员国或地区，未与我国订有相互给予最惠国待遇、关税优惠条款贸易协定和特殊关税优惠条款贸易协定的国家或者地区的进口货物，以及原产地不明的进口货物。(3)选项 C，特惠税率适用于原产于与我国签订含有"特殊关税优惠条款"的贸易协定的国家或地区的进口货物。(4)选项 D，协定税率适用于原产于与我国签订含有关税优惠条款的"区域性贸易协定"的国家或地区的进口货物。

33. B 【解析】甲企业2016年应缴纳房产税税额=(2000+500)×(1-30%)×1.2%=21(万元)。

34. B 【解析】在我国境内"承受"(获得)"土地、房屋权属"(土地使用权、房屋所有权)转移的单位和个人为契税的纳税人。

35. B 【解析】(1)契税由房屋、土地权属的承受人缴纳;(2)在本题中,周某出售住房应由承受方缴纳契税,周某不必缴纳;(3)周某购进住房应照章缴纳契税=200×5%=10(万元)。

36. C 【解析】(1)选项ABD,在我国境内"承受"(受让、购买、受赠、交换等)土地、房屋权属转移的单位和个人,应照章缴纳契税;(2)选项C,土地、房屋的抵押行为,不属于契税的征税范围。

37. A 【解析】选项A,房地产出租,没有发生房屋产权、土地使用权的转让,不属于土地增值税的征税范围,故孙某不属于土地增值税纳税人。

38. B 【解析】(1)选项ACD,照章征收土地增值税;(2)选项B,因国家建设需要依法征用、收回的房地产,免征土地增值税;因城市实施规划、国家建设的需要而搬迁,由纳税人自行转让原房地产的,比照本规定免征土地增值税。

39. D 【解析】城镇土地使用税的计税依据是实际占用的土地面积。

40. D 【解析】(1)城市维护建设税的计税依据是纳税人实际缴纳的增值税、消费税税额,以及出口货物、劳务或者跨境销售服务、无形资产增值税免抵税额;(2)甲公司当月应缴纳城市维护建设税税额=(70000+50000)×7%=8400(元)。

41. D 【解析】(1)非机动驳船的车船税税额按照机动船舶税额的50%计算;(2)甲公司当年应缴纳车船税税额=10×150×3+5×80×3×50%=5100(元)。

42. B 【解析】(1)学校、幼儿园占用耕地,免征耕地占用税。(2)甲公司应缴纳耕地占用税=(150000-800-5000)×30=4326000(元)。

43. C 【解析】权利、许可证照按件贴花。

44. C 【解析】盐滩用地暂免征收城镇土地使用税。因此甲盐场当年应缴纳城镇土地使用税税额为(35000+15000)×0.8=40000(元)。

45. B 【解析】房地产的出租、抵押、代建均不属于土地增值税征税范围。

46. D 【解析】最惠国税率适用于原产于与我国共同适用最惠国条款的世界贸易组织成员国或地区的进口货物,原产于与我国签订含有相互给予最惠国待遇的双边贸易协定的国家或者地区的进口货物,以及原产于我国的进口货物。

二、多项选择题

1. BC 【解析】个人出租不动产,不涉及土地使用权的转移,不缴纳土地增值税,选项A错误;政府出让国有土地使用权,不在土地增值税征税范围之列,选项D

错误。

2. BCD 【解析】选项 A，一般的法律、会计、审计等方面的咨询不属于技术合同的范畴，其所立合同不征收印花税。

3. AC 【解析】选项 A，纳税人将原有房产用于生产经营，从生产经营之月起，缴纳房产税；选项 C，纳税人委托施工企业建设的房屋，从办理验收手续之次月起，缴纳房产税。

房产税的纳税义务发生时间

情况	纳税义务发生时间
(1)纳税人将原有房产用于生产经营	从生产经营之月起，缴纳房产税 【注意】只有此种情况是"之月"，其他情况均是"之次月"
(2)纳税人自行新建房屋用于生产经营	从建成之次月起，缴纳房产税
(3)纳税人委托施工企业建设的房屋	从办理验收手续之次月起，缴纳房产税
(4)纳税人购置新建商品房	自房屋交付使用之次月起，缴纳房产税
(5)纳税人购置存量房	自办理房权属转移、变更登记手续，房地产权属登记机关签发房屋权属证书之次月起，缴纳房产税
(6)纳税人出租、出借房产	自交付出租、出借本企业房产之次月起，缴纳房产税
(7)房地产开发企业自用、出租、出借本企业建造的商品房	自房屋使用或交付之次月起，缴纳房产税

4. ABCD 【解析】四个选项中所列示的内容全部属于免征城镇土地使用税的范围。

5. ABC 【解析】城镇土地使用税的计税依据是纳税人实际占用的土地面积，具体按以下办法确定：(1)凡由省级人民政府确定的单位组织测定土地面积的，以测定的土地面积为准；(2)尚未组织测定，但纳税人持有政府部门核发的土地使用证书的，以证书确定的土地面积为准；(3)尚未核发土地使用证书的，应由纳税人据实申报土地面积，并据以纳税，待核发土地使用证书后再作调整。

6. ABC 【解析】选项 D，土地、房屋的继承不属于契税的征税范围。

7. AD 【解析】晾晒烟叶和烤烟叶为烟叶税的征税范围。

8. BCD 【解析】进口关税一般采用比例税率，实行从价计征的办法，但对啤酒、原油等少数货物则实行从量计征。对广播用录像机、放像机、摄像机等实行从价加从量的复合税率。

9. ABC 【解析】选项ABC，属于城镇土地使用税的征税范围；选项D，免征城镇土地使用税。

10. ABCD 【解析】印花税的纳税人，是指在中国境内书立、领受、使用税法所列凭证的单位和个人，主要包括：立合同人、立账簿人、立据人、各类电子应税凭证的签订人、领受人和使用人。

11. AC 【解析】选项BD，属于经济合同，正常征税，没有免税规定。

12. AC 【解析】军事设施、学校、幼儿园、社会福利机构、医疗机构占用耕地，免征耕地占用税。

13. ABD 【解析】选项C，农村土地不属于城镇土地使用税的征税范围。

14. ABC 【解析】转让旧房的，应按房屋及建筑物的评估价格、取得土地使用权所支付的地价款和按国家统一规定交纳的有关费用以及在转让环节缴纳的税金作为扣除项目金额计征土地增值税。

15. ABC 【解析】选项D，火车不属于车船税的征税范围。

16. BCD 【解析】选项A，不属于车船税的征税范围。

17. ABC 【解析】选项D，需要依法缴纳契税。

三、判断题

1. √ 【解析】房屋出租不涉及房屋权属转移，不缴纳契税。

2. × 【解析】公园、名胜古迹内的索道公司经营用地，应按规定缴纳城镇土地使用税。

3. × 【解析】纳税人购置新建商品房，自房屋交付使用之次月起，缴纳城镇土地使用税。

4. √

5. √ 【解析】土地使用权的转让属于契税的征税范围，土地使用权转让不包括农村集体土地承包经营权的转移。

6. × 【解析】机动车、铁路机车、非道路移动机械、船舶和航空器等流动污染源排放应税污染物的，暂免征收环境保护税。

7. × 【解析】在中华人民共和国境内收购烟叶的单位为烟叶税的纳税人。

8. × 【解析】产权未确定以及租典纠纷未解决的，房产代管人或者使用人为纳税人，需要缴纳房产税。

9. × 【解析】应由受让该房产的单位或个人申报缴纳契税。

10. √ 【解析】因自然灾害等不可抗力灭失住房而重新购买住房的，酌情准予减征或者免征契税。

11. √

12. √

13. √
14. √
15. √
16. √
17. √ 【解析】根据规定对从境外采购进口的原产于中国境内的货物,也应按规定征收进口关税。
18. × 【解析】本题所述情形在原煤移送使用环节不缴纳资源税。
19. √
20. × 【解析】房产税从价计征,是指以房产余值为计税依据。
21. × 【解析】纳税人购置的新车船,购置当年的应纳税额自纳税义务发生的当月起按月计算。
22. √
23. √
24. × 【解析】房地产开发企业建造的商品房,对房地产开发企业而言是一种商品,因此在出售前,不征收房产税,但对出售前房地产开发企业已使用或出租、出借的商品房应按规定征收房产税。

第七章 税收征收管理法律制度

一、单项选择题

> 本题考核点
> 税务机关责令纳税人提供纳税担保的情形

1. (2019年)根据税收征收管理法律制度的规定,下列情形中,税务机关可以责令纳税人提供纳税担保的是( )。
   A. 纳税人按照规定应设置账簿而未设置
   B. 纳税人同税务机关在纳税上发生争议而未缴清税款,需要申请行政复议的
   C. 纳税人对税务机关作出逾期不缴纳罚款加处罚款的决定不服,需要申请行政复议的
   D. 纳税人开具与实际经营业务情况不符的发票

> 本题考核点
> 税务行政复议管辖的一般规定

2. (2019年)根据税收征收管理法律制度的规定,下列关于税务行政复议管辖的表述中,不正确的是( )。
   A. 对国家税务总局的具体行政行为不服的,向国家税务总局申请行政复议
   B. 对市辖区税务局的具体行政行为不服的,向市税务局申请行政复议
   C. 对税务局的稽查局的具体行政行为不服的,向其所属税务局申请行政复议
   D. 对计划单列市税务局的具体行政行为不服的,向其所在省的省税务局申请行政复议

> 本题考核点
> 税收保全措施的内容

3. (2019年)根据税收征收管理法律制度的规定,税务机关采取的下列措施中,属于税收保全措施的是( )。
   A. 书面通知纳税人开户行冻结纳税人的金额相当于应纳税款的存款
   B. 依法拍卖纳税人价值相当于应纳税款的商品,以拍卖所得抵缴税款
   C. 书面通知纳税人开户行从纳税人的存款中扣缴税款

D. 通知出境管理机关阻止欠缴税款的纳税人出境

4. (2019年)根据税收征收管理法律制度的规定,扣缴义务人应当自税收法律、行政法规规定的扣缴义务发生之日一定期限内设置代扣代缴、代收代缴税款账簿。该期限是( )。

A. 5日 B. 10日
C. 15日 D. 20日

本题考核点

扣缴义务人账簿设置的期限

5. (2018年)根据税收征收管理法律制度的规定,下列不属于纳税担保方式的是( )。

A. 抵押 B. 质押
C. 扣押 D. 保证

本题考核点

纳税担保的方式

6. (2018年)根据税收征收管理法律制度的规定,下列各项中,属于税款征收强制执行措施的是( )。

A. 书面通知纳税人开户银行冻结纳税人的金额相当于应纳税款的存款

B. 变卖纳税人价值相当于应纳税款的商品,以变卖所得抵缴税款

C. 责成纳税人为应当缴纳的税款提供担保

D. 在规定的纳税期限之前责令纳税人限期缴纳应纳税款

本题考核点

税款征收强制执行措施

7. (2018年)根据税收征收管理法律制度的规定,下列各项中,对抵税财物不适用拍卖、变卖情形的是( )。

A. 纳税人在规定的纳税期限内有明显的转移其应纳税货物迹象的

B. 采取税收保全措施后,限期期满仍未缴纳税款的

C. 逾期不按规定履行复议决定的

D. 设置纳税担保后,限期期满仍未缴纳所担保的税款的

本题考核点

税款征收强制执行措施

8. (2018年)按照规定甲公司最晚应于2017年8月15日缴纳税款,甲公司迟迟未缴纳,主管税务机关责令其于当年9月30日前缴纳,并加收滞纳金,甲公司直到10月20日才缴纳税款,关于主管税务机关对甲公司加收滞纳金的起止时间的下列表述中,正确的是( )。

A. 2017年9月30日至2017年10月21日

B. 2017年10月1日至2017年10月21日

C. 2017年8月16日至2017年10月20日

本题考核点

税款征收措施

D. 2017年9月15日至2017年10月19日

本题考核点
税收保全措施

9. (2018年)根据税收征收管理法律制度的规定,下列各项中,不适用税收保全的财产是( )。

A. 纳税人的古董

B. 纳税人的别墅

C. 纳税人的豪华小汽车

D. 纳税人的家庭唯一普通住房

本题考核点
税务行政复议管辖

10. (2018年)对国家税务总局的具体行政行为不服的,向( )申请行政复议。

A. 国务院   B. 国家税务总局

C. 人民法院   D. 向上一级税务机关

本题考核点
账簿和凭证管理

11. (2017年)根据税收征收管理法律制度的规定,除另有规定外,从事生产、经营的纳税人的账簿、记账凭证、报表、完税凭证、发票、出口凭证以及其他有关涉税资料应当保存一定期限,该期限为( )年。

A. 30   B. 10

C. 15   D. 20

本题考核点
账簿和凭证管理

12. (2017年)代扣代缴义务人履行代扣代缴义务设立账簿的期限为( )天。

A. 10   B. 15

C. 20   D. 30

本题考核点
发票管理

13. (2017年)根据发票管理法律制度的规定,下列关于发票管理的表述中,不正确的是( )。

A. 已经开具的发票存根联,应当保存5年

B. 发票实行不定期换版制度

C. 收购单位支付个人款项时,由付款方向收款方开具发票

D. 发票记账联由付款方或受票方作为记账原始凭证

本题考核点
税收征收管理范围

14. (2017年)根据税收征收管理法律制度的规定,纳税人未按照规定期限缴纳税款的,税务机关可责令限期缴纳,并从滞纳之日起,按日加收滞纳税款一定比例的滞纳金,该比例为( )。

A. 万分之五   B. 万分之七

C. 万分之一   D. 万分之三

15. (2017年)税务机关在查阅甲公司公开披露的信息时发现,其法定代表人张某有一笔股权转让收入未申报缴纳个人所得税,要求张某补缴税款80万元,滞纳金3.8万元,张某未结清应纳税款、滞纳金的情况下,拟出国考察,且未提供纳税担保,税务机关知晓后对张某可以采取的税款征收措施是( )。

    A. 查封住房

    B. 查封股票交易账户

    C. 通知出境管理机关阻止出境

    D. 冻结银行存款

16. (2016年)从事生产、经营的纳税人应当自领取营业执照或者纳税义务之日起( )日内,按照国家有关规定设置账簿。

    A. 10　　　　　　　　B. 15

    C. 20　　　　　　　　D. 30

17. (2016年)根据税收征管法律制度的规定,下列各项中,不属于税务担保范围的是( )。

    A. 罚款

    B. 滞纳金

    C. 应收税款、滞纳金的费用

    D. 税款

二、多项选择题

1. (2019年)根据税收征收管理法律制度的规定,下列各项中,属于纳税申报方式的有( )

    A. 简易申报　　　　　B. 数据电文申报

    C. 自行申报　　　　　D. 邮寄申报

2. (2019年)根据税收征收管理法律制度的规定,税务行政复议机构认为被审查的具体行政行为符合法定情形时,可以决定撤销、变更或者确认该具体行政行为违法。该法定情形有( )。

    A. 适用依据错误的

    B. 滥用职权的

    C. 违反法定程序的

    D. 主要事实不清,证据不足的

本题考核点
纳税申报表的内容

3.(2019年)根据税收征收管理法律制度的规定,下列各项中,属于纳税申报表内容的有( )。
A. 税款所属期限　　　　B. 适用的税率
C. 税种、税目　　　　　D. 计税依据

本题考核点
发票管理

4.(2018年)根据税收征收管理法律制度的规定,下列各项中,属于税务机关发票管理权限的有( )。
A. 向当事各方询问与发票有关的问题和情况
B. 查阅、复制与发票有关的凭证、资料
C. 调出发票查验
D. 检查印制、领购、开具、取得、保管和缴销发票的情况

本题考核点
发票管理

5.(2018年)根据税收征收管理法律制度的规定,下列各项中,属于虚开发票行为的有( )。
A. 为自己开具与实际经营业务情况不符的发票
B. 为他人开具与实际经营业务情况不符的发票
C. 介绍他人开具与实际经营业务情况不符的发票
D. 让他人为自己开具与实际经营业务情况不符的发票

本题考核点
发票管理

6.(2018年)根据税收征收管理法律制度的规定,增值税一般纳税人使用增值税发票管理新系统,可开具增值税发票的种类有( )。
A. 增值税普通发票　　　B. 增值税专用发票
C. 机动车销售统一发票　D. 增值税电子普通发票

本题考核点
税款征收

7.(2018年)根据税收征收管理法律制度的规定,纳税人发生的下列情形中,税务机关有权核定其应纳税额的有( )。
A. 纳税人申报的计税依据明显偏低,又无正当理由的
B. 依照法律、行政法规的规定可以不设置账簿的
C. 拒不提供纳税资料的
D. 虽设置账簿、但账目混乱、难以查账的

本题考核点
税款征收措施

8.(2018年)根据税收征收管理法律制度的规定,下列各项中,可以适用税收保全的财产有( )。
A. 金银首饰　　　　　B. 古玩字画
C. 豪华住宅　　　　　D. 小汽车

本题考核点
税务行政复议范围

9.(2018年)根据税收征收管理法律制度的规定,纳税人对税务机关的下列行政行为不服,可以直接起诉的有( )。
A. 税务机关加收滞纳金的行为

第七章 税收征收管理法律制度

B. 税务机关将纳税人纳税信用等级由 A 级降为 B 级
C. 税务机关扣押、查封纳税人的财产
D. 纳税人依照法律规定提供了纳税担保，税务机关不依法确认纳税担保

10. (2018 年)根据税收征收管理法律制度的规定，下列情形中，属于行政复议期间具体行政行为可以停止执行的情形有(   )。

    A. 人民法院认为需要停止执行的
    B. 法律规定停止执行的
    C. 被申请人认为需要停止执行的
    D. 复议机关认为需要停止执行的

> 本题考核点
> 税务行政复议申请与受理

11. (2017 年)根据税收征管法律制度的规定，下列各项财务资料中，除另有规定外，至少应保存 10 年的有(   )。

    A. 账簿   B. 发票的存根联
    C. 完税凭证   D. 发票的登记簿

> 本题考核点
> 账簿和凭证管理

12. (2017 年)根据税收征收管理法律制度的规定，纳税人对税务机关的下列行政行为不服时，可以申请行政复议的有(   )。

    A. 罚款
    B. 确认适用税率
    C. 加收滞纳金
    D. 制定具体贯彻落实税收法规的规定

> 本题考核点
> 税务行政复议范围

13. (2017 年)根据税收征收管理法律制度的规定，下列各项中，适用纳税担保的情形有(   )。

    A. 纳税人同税务机关在纳税上发生争议而未缴清税款，需要申请行政复议的
    B. 纳税人在税务机关责令缴纳应纳税款限期内，有明显转移、隐匿其应纳税的商品、货物以及应纳税收入的迹象的
    C. 欠缴税款、滞纳金的纳税人或者其法定代表人需要出境的
    D. 从事生产、经营的纳税人未按规定期限缴纳税款，税务机关责令限期缴纳，逾期仍未缴纳的

> 本题考核点
> 税款征收措施

三、判断题

1. (2019 年)个体工商户享受减税、免税待遇的，在减税、免税期间按期申报。   (   )

> 判断题考核点
> 1. 纳税申报其他要求

判断题考核点

2. 税务行政复议申请
3. 税务机关在税务检查中的职权和职责
4. 纳税申报
5. 税款征收措施
6. 税务行政复议范围
7. 税务行政复议申请与受理
8. 税款征收
9. 账簿和凭证管理

2. (2019年、2017年、2015年)纳税人对税务机关作出逾期不缴纳罚款加处罚款的决定不服的,应当先缴纳罚款和加处罚款再申请行政复议。 ( )

3. (2019年、2017年)税务机关派出人员进行税务检查,如果未出示税务检查证明和税务检查通知单的,被检查人有权拒绝。 ( )

4. (2018年)纳税人在纳税期内没有应纳税款的,应当按照规定办理纳税申报。 ( )

5. (2018年)企业未按规定缴纳税款的,税务机关可以从纳税义务发生之日起按日加收滞纳金。 ( )

6. (2018年)有关不依法开具完税凭证的行为属于税务行政复议的范围。 ( )

7. (2018年)复议期间,行政行为一律不停止执行。 ( )

8. (2017年)纳税人发生纳税义务,未按照规定的期限办理纳税申报,经税务机关责令限期申报,逾期仍不申报,税务机关有权核定其应纳税额。 ( )

9. (2017年)经过行政复议的行政诉讼案件,均由行政复议机关所在地人民法院管辖。 ( )

第七章 税收征收管理法律制度

参考答案及详细解析

一、单项选择题

1. B 【解析】适用纳税担保的情形：(1)税务机关有根据认为从事生产、经营的纳税人有逃避纳税义务行为，在规定的纳税期之前经责令其限期缴纳应纳税款，在限期内发现纳税人有明显的转移、隐匿其应纳税的商品、货物，以及其他财产或者应纳税收入的迹象，责成纳税人提供纳税担保的；(2)欠缴税款、滞纳金的纳税人或者其法定代表人需要出境的；(3)纳税人同税务机关在纳税上发生争议而未缴清税款，需要申请行政复议的；(4)税收法律、行政法规规定可以提供纳税担保的其他情形。选项 A，税务机关有权核定纳税人应纳税额；选项 C，应当先缴纳罚款和加处罚款，再申请行政复议；选项 D，属于虚开发票的情形，应对纳税人处以行政处罚，情节严重应追究其刑事责任。

2. D 【解析】对计划单列市税务局的具体行政行为不服的，向国家税务总局申请行政复议，选项 D 错误。

3. A 【解析】选项 BC，属于采取强制执行措施；选项 D，属于阻止出境。

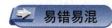

税收保全与税收强制执行措施

项目	具体内容
保全	(1)书面通知银行冻结相当于应纳税款的存款； (2)扣押、查封相当于应纳税款的商品、货物或者其他财产 【注意】个人及其所扶养家属维持生活必需的住房和用品，不在税收保全执行措施范围之内，单价 5000 元以下的其他生活用品，不采取税收保全措施
强制执行	(1)书面通知银行从存款中扣缴税款； (2)扣押、查封、依法拍卖或者变卖相当于应纳税款的商品、货物或者其他财产，以拍卖或者变卖所得抵缴税款

4. B 【解析】从事生产、经营的纳税人应当自领取营业执照或者发生纳税义务之日起 15 日内，按照国家有关规定设置账簿。扣缴义务人应当自税收法律、行政法规规定的扣缴义务发生之日起 10 日内，按照所代扣、代收的税种，分别设置代扣代缴、代收代缴税款账簿。

5. C 【解析】纳税担保，是指经税务机关同意或确认，纳税人或其他自然人、法人、经济组织以保证、抵押、质押的方式，为纳税人应当缴纳的税款及滞纳金提供担保的行为。扣押不属于纳税担保方式。

6. B 【解析】选项A，属于税收保全措施；选项C，属于责令提供纳税担保；选项D，属于责令缴纳。

7. A 【解析】选项A，属于应提供纳税担保的情形。税务机关有根据认为从事生产、经营的纳税人有逃避纳税义务行为，在规定的纳税期之前经责令其限期缴纳应纳税款，在限期内发现纳税人有明显的转移、隐匿其应纳税的商品、货物，以及其他财产或者应纳税收入的迹象，责成纳税人提供纳税担保的。

8. C 【解析】加收滞纳金的起止时间，为法律、行政法规规定或者税务机关依照法律、行政法规的规定确定的税款缴纳期限届满次日起至纳税人、扣缴义务人实际缴纳或者解缴税款之日止。

9. D 【解析】个人及其所扶养家属维持生活必需的住房和用品，不在税收保全措施的范围之内。

10. B 【解析】对国家税务总局的具体行政行为不服的，向国家税务总局申请行政复议。

11. B 【解析】账簿、记账凭证、报表、完税凭证、发票、出口凭证以及其他有关涉税资料应当保存10年；但是法律、行政法规另有规定的除外。

12. A 【解析】扣缴义务人应当自税收法律、行政法规规定的扣缴义务发生之日起10日内，按照所代扣、代收的税种，分别设置代扣代缴、代收代缴税款账簿。

13. D 【解析】发票记账联由收款方或开票方作为记账原始凭证。

14. A 【解析】纳税人未按照规定期限缴纳税款的，扣缴义务人未按照规定期限解缴税款的，税务机关除责令限期缴纳外，从滞纳税款之日起，按日加收滞纳税款万分之五的滞纳金。

15. C 【解析】欠缴税款的纳税人或者其法定代表人在出境前未按规定结清应纳税款、滞纳金或者提供纳税担保的，税务机关可以通知出境管理机关阻止其出境。

16. B 【解析】从事生产、经营的纳税人应当自领取营业执照或者发生纳税义务之日起15日内，按照国家规定设置账簿。

17. A 【解析】纳税担保范围包括税款、滞纳金和实现税款、滞纳金的费用。

二、多项选择题

1. ABCD 【解析】纳税申报方式包括自行申报、邮寄申报、数据电文申报、简易申报、简并征期等方式。

2. ABCD 【解析】具体行政行为有下列情形之一的，税务行政复议机构可以决定撤销、变更或者确认该具体行政行为违法：(1)主要事实不清、证据不足的；(2)适用依据错误的；(3)违反法定程序的；(4)超越或者滥用职权的；(5)具体行政行为明显不当的，选项 ABCD 正确。

3. ABCD 【解析】纳税人、扣缴义务人的纳税申报或者代扣代缴、代收代缴税款报告表的主要内容包括税种、税目；应纳税项目或者应代扣代缴、代收代缴税款项目；计税依据；扣除项目及标准；适用税率或者单位税额；应退税项目及税额、应减免税项目及税额；应纳税额或者应代扣代缴、代收代缴税额；税款所属期限、延期缴纳税款、欠税、滞纳金等。

4. ABCD 【解析】本题四个选项均属于税务机关发票管理的权限。

5. ABCD 【解析】任何单位和个人不得有下列虚开发票行为：(1)为他人、为自己开具与实际经营业务情况不符的发票(选项 AB)；(2)让他人为自己开具与实际经营业务情况不符的发票(选项 D)；(3)介绍他人开具与实际经营业务情况不符的发票(选项 C)。

6. ABCD 【解析】增值税一般纳税人销售货物、提供加工修理修配劳务和发生应税行为，使用增值税发票管理系统开具增值税专用发票、增值税普通发票、机动车销售统一发票、增值税电子普通发票。

7. ABCD 【解析】纳税人有下列情形之一的，税务机关有权核定其应纳税额：(1)依照法律、行政法规的规定可以不设置账簿的。(2)依照法律、行政法规的规定应当设置但未设置账簿的。(3)擅自销毁账簿或者拒不提供纳税资料的。(4)虽设置账簿，但账目混乱或者成本资料、收入凭证、费用凭证残缺不全，难以查账的。(5)发生纳税义务，未按照规定的期限办理纳税申报，经税务机关责令限期申报，逾期仍不申报的。(6)纳税人申报的计税依据明显偏低，又无正当理由的。

8. ABCD 【解析】个人及其所扶养家属维持生活必需的住房和用品不包括机动车辆、金银饰品、古玩字画、豪华住宅或者一处以外的住房。因此选项 ABCD 的财产均适用税收保全。

9. BCD 【解析】选项 A，税务机关加收滞纳金的行为必须先申请行政复议，对行政复议决定不服的，可以提起诉讼。

10. BCD 【解析】行政复议期间具体行政行为不停止执行。但有下列情形之一的，可以停止执行：(1)被申请人认为需要停止执行的(选项 C)；(2)复议机关认为需要停止执行的(选项 D)；(3)申请人申请停止执行，复议机关认为其要求合理，决定停止执行的；(4)法律规定停止执行的(选项 B)。

11. AC 【解析】账簿、记账凭证、报表、完税凭证、发票、出口凭证以及其他有关涉税资料应当保存 10 年；但是法律、行政法规另有规定的除外。已经开具的发票存根联和发票登记簿，应当保存 5 年。

12. ABC 【解析】选项A，属于税务机关作出的行政处罚行为，纳税人不服时，可以申请行政复议；选项BC，属于税务机关作出的征税行为，纳税人不服时，可以申请行政复议；选项D，不属于具体行政行为，不得申请行政复议。

13. ABC 【解析】适用纳税担保的情形：(1)税务机关有根据认为从事生产、经营的纳税人有逃避纳税义务行为的，可在规定的纳税期限之前，责令其限期缴纳应纳税款；在限期内发现纳税人有明显的转移、隐匿其应纳税的商品、货物以及其他财产或者应纳税收入迹象的，责成纳税人提供纳税担保的。(2)欠缴税款、滞纳金的纳税人或者其法定代表人需要出境的。(3)纳税人同税务机关在纳税上发生争议而未缴清款款，需要申请行政复议的。(4)税收法律、行政法规规定可以提供纳税担保的其他情形。选项D，纳税人未按照规定期限缴纳税款的，税务机关可责令限期缴纳，逾期仍未缴纳的，税务机关可以采取税收强制执行措施。

三、判断题

1. √ 【解析】纳税人享受减税、免税待遇的，在减税、免税期间应当按照规定办理纳税申报。

2. √

3. √

4. √

5. × 【解析】加收滞纳金的起止时间，为法律、行政法规规定或者税务机关依照法律、行政法规的规定确定的税款缴纳期限届满次日起至纳税人、扣缴义务人实际缴纳或者解缴税款之日止。

6. √ 【解析】税务机关不依法履行下列职责的行为，可以提起行政复议：(1)开具、出具完税凭证；(2)行政赔偿；(3)行政奖励；(4)其他不依法履行职责的行为。

7. × 【解析】行政复议期间具体行政行为不停止执行。但有下列情形之一的，可以停止执行：(1)被申请人认为需要停止执行的；(2)复议机关认为需要停止执行的；(3)申请人申请停止执行，复议机关认为其要求合理，决定停止执行的；(4)法律规定停止执行的。

8. √

9. × 【解析】行政案件由最初作出行政行为的行政机关所在地人民法院管辖。经复议的案件，也可以由复议机关所在地人民法院管辖。

第八章　劳动合同与社会保险法律制度

一、单项选择题

1. (2019年)根据劳动合同法律制度的规定,下列各项中,属于劳动合同必备条款的是(　　)。
   A. 保密条款　　　　　　B. 竞业限制条款
   C. 社会保险条款　　　　D. 服务期条款

   > 本题考核点
   > 劳动合同必备条款的种类

2. (2019年)甲公司与张某签订劳动合同,未约定劳动合同期限,仅约定试用期8个月,下列关于该试用期的表述中,正确的是(　　)。
   A. 试用期约定合同有效
   B. 试用期超过6个月部分视为劳动合同期限
   C. 试用期不成立,8个月为劳动合同期限
   D. 试用期不成立,应视为试用期1个月,剩余期限为劳动合同期限

   > 本题考核点
   > 劳动合同可备条款——试用期

3. (2019年)2018年7月1日,甲公司书面通知张某被录用,7月6日张某到甲公司上班,11月15日甲公司与张某签订书面劳动合同,因未及时签订书面劳动合同,甲公司应向张某支付一定期间的2倍工资,该期间为(　　)。
   A. 自2018年8月1日至2018年11月14日
   B. 自2018年7月1日至2018年11月15日
   C. 自2018年7月6日至2018年11月15日
   D. 自2018年8月6日至2018年11月14日

   > 本题考核点
   > 支付双倍工资的时间

4. (2019年)根据社会保险法律制度的规定,参加职工基本养老保险的个人,达到法定退休年龄时累计缴费满一定年限的,可按月领取基本养老金,该年限为(　　)。
   A. 12年　　　　　　　B. 5年
   C. 10年　　　　　　　D. 15年

   > 本题考核点
   > 基本养老保险的享受条件

· 145 ·

本题考核点
医疗期

5. (2019年)甲公司职工赵某实际工作年限为6年,在甲公司工作年限为2年。赵某因患病住院治疗,其依法可享受的医疗期限为( )。

A. 3个月　　　　　　　　B. 6个月
C. 9个月　　　　　　　　D. 12个月

本题考核点
劳动者造成经济损失每月可以扣除的法定最高限额

6. (2019年)甲公司职工吴某因违章操作给公司造成8000元的经济损失,甲公司按照双方劳动合同的约定要求吴某赔偿,并每月从其工资中扣除。已知吴某月工资2600元,当地月最低工资标准为2200元,甲公司每月可以从吴某工资中扣除的法定最高限额为( )。

A. 520元　　　　　　　　B. 440元
C. 400元　　　　　　　　D. 2600元

本题考核点
劳动合同解除经济补偿的计算

7. (2019年、2018年、2017年)王某在甲公司工作2年8个月,甲公司提出并与王某协商解除了劳动合同。已知王某在合同解除前12个月的平均工资为13000元,当地上年度职工月平均工资为4000元,当地月最低工资标准为2000元。劳动合同解除时,甲公司依法应向王某支付的经济补偿数额为( )。

A. 36000元　　　　　　　B. 6000元
C. 12000元　　　　　　　D. 390000元

本题考核点
休息、休假中的年休假

8. (2018年)根据劳动合同法律制度的规定,下列情形中,职工不能享受当年的年休假的是( )。

A. 已享受40天寒暑假的
B. 累计工作满5年,当年请病假累计15天的
C. 累计工作满20年,当年请病假累计1个月的
D. 请事假累计10天且单位按照规定不扣工资的

本题考核点
休息、休假中的年休假

9. (2018年)公司职工罗某已享受带薪年休假3天,同年10月罗某又向公司提出补休当年剩余年休假的申请。已知罗某首次就业即到甲公司工作,工作已满12年,且不存在不能享受当年年休假的情形。罗某可享受剩余年休假的天数为( )。

A. 2天　　　　　　　　　B. 5天
C. 7天　　　　　　　　　D. 12天

10. (2018年)A公司与周某签订三年期固定期限劳动合同,其试用期不得超过( )。
    A. 6个月 B. 2个月
    C. 1个月 D. 3个月

    本题考核点：劳动合同可备条款中的试用期

11. (2018年)甲公司职工周某不能胜任工作,公司为其调整工作岗位后,仍不能胜任。甲公司拟解除与周某的劳动合同的下列表述中,不正确的是( )。
    A. 甲公司无须通知周某即可解除劳动合同
    B. 甲公司解除劳动合同应向周某支付经济补偿
    C. 甲公司额外支付周某1个月工资后可解除劳动合同
    D. 甲公司可提前30日以书面形式通知周某而解除劳动合同

    本题考核点：劳动合同的解除

12. (2018年)根据劳动合同法律制度的规定,下列情形中,劳动者不需事先告知用人单位即可解除劳动合同的是( )。
    A. 用人单位未按照劳动合同约定提供劳动保护的
    B. 用人单位违章指挥、强令冒险作业危及劳动者人身安全的
    C. 用人单位以欺诈手段使劳动者在违背真实意思的情况下签订劳动合同的
    D. 用人单位未及时足额支付劳动报酬的

    本题考核点：劳动合同的解除

13. (2018年)2016年7月10日,刘某上班,9月10日发现公司拖欠工资,2017年1月10日终止劳动关系,下列关于仲裁时效说法正确的是( )。
    A. 2016年7月10日起3年内有效
    B. 2017年1月10日起1年内有效
    C. 2016年9月10日起1年内有效
    D. 2016年9月10日起3年内有效

    本题考核点：劳动仲裁

14. (2018年)根据劳动争议调解仲裁法律制度的规定,自劳动争议调解组织收到调解申请之日起一定期间内未达成调解协议的,当事人可以依法申请仲裁,该期间为( )。
    A. 7日 B. 10日
    C. 5日 D. 15日

    本题考核点：劳动仲裁

15. (2018年)根据劳动争议调解仲裁法律制度的规定,劳动者对劳动争议的终局裁决不服,可以自收到仲裁裁决之日

    本题考核点：劳动仲裁

· 147 ·

起一定期限内向人民法院提起诉讼。该期限为( )。

A. 30 日   B. 60 日

C. 90 日   D. 15 日

本题考核点 劳动仲裁

16. (2018 年)根据劳动争议调解仲裁法律制度的规定,下列关于劳动仲裁申请的表述中,正确的是( )。

A. 申请人申请劳动仲裁,不得以口头形式提出

B. 申请仲裁的时效期间为 3 年

C. 申请人应预交仲裁申请费用

D. 申请人应向劳动合同履行地或者用人单位所在地的劳动仲裁机构申请仲裁

本题考核点 工伤保险

17. (2018 年)根据社会保险法律制度的规定,职工发生伤亡的下列情形中,视同工伤的是( )。

A. 在工作时间和工作岗位突发先天性心脏病死亡的

B. 在上班途中受到非本人主要责任的交通事故伤害的

C. 下班后在工作场所从事与工作有关的收尾性工作受到事故伤害的

D. 患职业病的

本题考核点 社会保险的缴纳

18. (2018 年)下列各项保险,只需用人单位缴纳的是( )。

A. 失业保险   B. 工伤保险

C. 基本养老保险   D. 基本医疗保险

本题考核点 工亡待遇

19. (2017 年)根据社会保险法律制度的规定,参加工伤保险的职工因工死亡,其近亲属可以按照一定标准从工伤保险基金领取一次性工亡补助金,该标准为( )。

A. 上一年度全国城镇居民人均可支配收入的 5 倍

B. 上一年度全国城镇居民人均可支配收入的 10 倍

C. 上一年度全国城镇居民人均可支配收入的 15 倍

D. 上一年度全国城镇居民人均可支配收入的 20 倍

本题考核点 劳动合同中的劳动报酬

20. (2017 年)2016 年 5 月甲公司安排职工刘某在日标准工作时间以外延长工作时间累计 12 小时。甲公司一直实行标准工时制度,刘某日工资为 160 元。分析甲公司应支付刘某 5 月最低加班工资的下列算式中,正确的是( )。

A. 160÷8×12×100% =240(元)

B. 160÷8×12×150% =360(元)

C. 160÷8×12×200% =480(元)

D. 160÷8×12×300％＝720(元)

21. (2017 年)2010 年 4 月 1 日，张某到甲公司工作，2016 年 8 月 1 日，双方的劳动合同期满，甲公司不再与张某续签，已知劳动合同终止前 12 个月，张某月平均工资 5000 元，甲公司所在地职工月平均工资 4500 元，计算劳动合同终止后甲公司应向张某支付经济补偿的下列公式中，正确的是( )。

   A. 4500×6＝27000(元)　　B. 4500×7＝31500(元)
   C. 5000×5.5＝27500(元)　D. 5000×6.5＝32500(元)

本题考核点

劳动合同解除和终止的经济补偿

22. (2017 年)根据劳动合同法律制度的规定，下列关于劳务派遣用工形式的表述中，不正确的是( )。

   A. 被派遣劳动者在无工作期间，劳务派遣单位应当按照所在地人民政府规定的最低工资标准，向其按月支付报酬
   B. 劳务派遣单位可与被派遣劳动者订立 1 年期劳动合同
   C. 用人单位不得设立劳务派遣单位向本单位或者所属单位派遣劳动者
   D. 被派遣劳动者享有与用工单位的劳动者同工同酬的权利

本题考核点

劳务派遣

23. (2017 年)甲劳务派遣公司安排职工张某到用工单位乙公司工作。下列关于该劳务派遣用工的表述中，不正确的是( )。

   A. 张某只能在乙公司从事临时性、辅助性或者替代性的工作
   B. 乙公司应按月向张某支付报酬
   C. 乙公司不得再将张某派遣到其他用人单位
   D. 甲劳务派遣公司应当与乙公司订立劳务派遣协议

本题考核点

劳务派遣

24. (2017 年)甲公司职工孙某已参加职工基本养老保险，月工资 15000 元。已知甲公司所在地职工月平均工资为 4000 元，月最低工资标准为 2000 元。计算甲公司每月应从孙某工资中扣缴基本养老保险费的下列算式中，正确的是( )。

   A. 15000×8％＝1200(元)
   B. 4000×3×8％＝960(元)
   C. 2000×3×8％＝480(元)
   D. 4000×8％＝320(元)

本题考核点

基本养老保险的缴纳

本题考核点
社会保险的缴纳

25. (2017年)根据社会保险法律制度的规定,下列社会保险项目中,仅由用人单位缴纳社会保险费的是( )。
    A. 职工基本医疗保险　　B. 失业保险
    C. 职工基本养老保险　　D. 工伤保险

本题考核点
劳动合同的订立

26. (2016年)李某于2015年9月3日到甲公司工作,甲公司在同年12月3日才与其订立书面劳动合同。已知李某月工资为3000元,甲公司已按月足额发放。因未及时订立书面劳动合同,甲公司应向李某支付的工资补偿为( )。
    A. 6000元　　　　　　B. 9000元
    C. 3000元　　　　　　D. 0元

本题考核点
失业保险

27. (2015年)李某在甲公司工作了12年,因劳动合同到期而劳动关系终止,符合领取失业保险待遇,李某最长可以领取失业保险的期限是( )个月。
    A. 24　　　　　　　　B. 12
    C. 18　　　　　　　　D. 6

本题考核点
劳动合同的订立

28. (2015年)2013年3月12日,吴某应聘到甲公司工作,每月领取工资2000元,直至2014年2月12日甲公司方与其订立书面劳动合同。未及时订立书面劳动合同的工资补偿为( )元。
    A. 18000　　　　　　B. 20000
    C. 22000　　　　　　D. 44000

本题考核点
医疗保险中的医疗期

29. (2015年)2014年10月19日,甲公司职工李某因突发心脏病住院治疗。已知李某实际工作年限为12年,其中在甲公司工作年限为4年。李某依法可享受的医疗期为( )个月。
    A. 12　　　　　　　　B. 9
    C. 18　　　　　　　　D. 6

二、多项选择题

本题考核点
非全日制用工的相关规定

1. (2019年)根据劳动合同法律制度的规定,下列关于非全日制用工的表述中,正确的是( )。
    A. 双方当事人任何一方都可以随时通知对方终止用工
    B. 双方当事人可以约定试用期
    C. 劳动报酬结算支付周期最长不得超过15日
    D. 双方当事人可以订立口头协议

第八章 劳动合同与社会保险法律制度

2. (2019年)根据劳动合同法律制度的规定，下列关于无效劳动合同的表述中，正确的有（ ）。
   A. 劳动合同部分无效，不影响其他部分效力的，其他部分仍然有效
   B. 无效劳动合同，从订立时起就没有法律约束力
   C. 劳动合同被确认无效，劳动者已付出劳动的，用人单位应当向劳动者支付劳动报酬
   D. 劳动合同被确认无效时，给对方造成损害的，有过错的一方应当承担赔偿责任

   > **本题考核点**
   > 劳动合同无效的法律后果

3. (2019年)根据社会保险法律制度的规定，失业人员在领取失业保险金期间，出现法定情形时，应停止领取失业保险金，并同时停止享受其他失业保险待遇。下列各项中，属于该法定情形的有（ ）。
   A. 应征服兵役的
   B. 移居境外的
   C. 重新就业的
   D. 享受基本养老保险待遇的

   > **本题考核点**
   > 停止领取失业保险待遇的情况

4. (2018年)根据劳动合同法律制度的规定，下列关于劳动报酬支付的表述中，正确的有（ ）。
   A. 用人单位应当向劳动者支付婚丧假期间的工资
   B. 用人单位不得以实物及有价证券代替货币支付工资
   C. 用人单位与劳动者约定的支付工资日期遇节假日的，应顺延至最近的工作日支付
   D. 对在五四青年节(工作日)照常工作的青年职工，用人单位应支付工资报酬但不支付加班工资

   > **本题考核点**
   > 劳动报酬

5. (2018年)根据劳动合同法律制度的规定，下列关于不同用工形式劳动报酬结算支付周期的表述中，正确的有（ ）。
   A. 非全日制用工劳动者的劳动报酬结算支付周期最长不得超过15日
   B. 全日制用工劳动者的劳动报酬至少每周支付一次
   C. 被派遣劳动者的劳动报酬，在结束劳务派遣用工时支付
   D. 对完成一次性临时劳动或某项具体工作的劳动者，用人单位应按有效协议或者合同规定其完成劳动任务后即支付劳动报酬

   > **本题考核点**
   > 劳动合同中的非全日制用工

· 151 ·

本题考核点
劳动合同可备条款中的试用期

6. (2018年)甲公司与其职工对试用期期限的下列约定中,符合法律规定的有( )。
   A. 夏某的劳动合同期限4年,双方约定的试用期为4个月
   B. 周某的劳动合同期限1年,双方约定的试用期为1个月
   C. 刘某的劳动合同期限2年,双方约定的试用期为3个月
   D. 林某的劳动合同期限5个月,双方约定的试用期为5日

本题考核点
劳动合同的解除

7. (2018年)根据劳动合同法律制度的规定,下列情形中,用人单位可随时通知劳动者解除劳动者合同且不向其支付经济补偿的有( )。
   A. 劳动者严重违反用人单位规章制度的
   B. 劳动者在试用期内被证明不符合录用条件的
   C. 劳动者不能胜任工作,经过调整工作岗位仍不能胜任的
   D. 劳动者同时与其他用人单位建立劳动关系,经用人单位提出,拒不改正的

本题考核点
劳动合同解除和终止的经济补偿

8. (2018年)根据劳动合同法律制度的规定,下列情形中,用人单位应当向劳动者支付经济补偿的有( )。
   A. 由用人单位提出并与劳动者协商一致而解除劳动合同的
   B. 固定期限劳动合同期满,用人单位维持或者提高劳动合同约定条件续订劳动合同,劳动者不同意续订的
   C. 用人单位被依法宣告破产而终止劳动合同的
   D. 以完成一定工作任务为期限的劳动合同因任务完成而终止的

本题考核点
违反劳动合同法律制度的责任承担

9. (2018年)根据劳动合同法律制度的规定,下列关于劳动者法律责任承担的表述中,正确的有( )。
   A. 劳动合同被确认无效,给用人单位造成损失的,有过错的劳动者应承担赔偿责任
   B. 劳动者违法解除劳动合同,给用人单位造成损失的,应承担赔偿责任
   C. 劳动者违反培训协议,未满服务期解除或者终止劳动合同的,应按照劳动合同约定向用人单位支付违约金
   D. 劳动者违反劳动合同中约定的保密义务或者竞业限制,应按照劳动合同约定向用人单位支付违约金

本题考核点
非全日制用工

10. (2017年)根据非全日制法律制度的规定,关于非全日制用工的下列表述中,正确的有( )。

· 152 ·

第八章　劳动合同与社会保险法律制度

A. 非全日制用工小时计酬标准不得低于用人单位所在地人民政府规定的最低小时工资标准

B. 非全日制用工劳动报酬结算支付周期最长不得超过15日

C. 非全日制用工双方当事人可以约定试用期

D. 非全日制用工双方当事人可以订立口头协议

11. （2017年）根据劳动合同法律制度的规定，下列关于劳动报酬支付的表述中，正确的有（　　）。

A. 工资至少每月支付一次，实行周、日、小时工资制的，可按周、日、小时支付工资

B. 用人单位依法安排劳动者在日标准工作时间以外延长工作时间的，按照不低于劳动合同规定的劳动者本人小时工资标准的150%支付劳动者工资

C. 用人单位与劳动者约定的支付日期遇节假日或休息日，应提前在最近的工作日支付

D. 工资应当以法定货币支付，不得以实物及有价证券替代货币支付

【本题考核点】劳动报酬

12. （2017年）根据劳动合同法律制度的规定，下列关于劳动报酬支付的表述中，正确的有（　　）。

A. 对在国际劳动妇女节（工作日）照常工作的女职工，用人单位应支付加班工资

B. 用人单位应当支付劳动者在法定休假日间的工资

C. 用人单位与劳动者约定的支付工资日期遇节假日的，应提前在最近的工作日支付

D. 用人单位不得以有价证券替代货币支付工资

【本题考核点】劳动报酬

13. （2017年）根据劳动合同法律制度的规定，下列各项中，属于劳动合同必备条款的有（　　）。

A. 社会保险　　　　B. 劳动报酬
C. 服务期　　　　　D. 劳动合同期限

【本题考核点】劳动合同必备条款

14. （2017年）甲公司与职工对试用期期限的下列约定中，符合法律规定的有（　　）。

A. 李某的劳动合同期限2年，双方约定的试用期为2个月

B. 王某的劳动合同期限6个月，双方约定的试用期为

【本题考核点】劳动合同可备条款中的试用期

20日

C. 赵某的劳动合同期限2个月，双方约定的试用期为5个月

D. 张某的劳动合同期限4年，双方约定的试用期为4个月

本题考核点

违反劳动合同法律制度的责任承担

15. (2017年)根据劳动合同法律制度的规定，关于用人单位未按照劳动合同约定或者国家规定支付劳动者劳动报酬应承担法律责任的下列表述中，正确的有( )。

A. 由用人单位向劳动者支付违约金

B. 劳动报酬低于当地最低工资标准的，用人单位应当支付其差额的部分

C. 用人单位按照应付劳动报酬金额200%的标准向劳动者加付赔偿金

D. 由劳动行政部门责令用人单位限期支付劳动报酬

本题考核点

劳动合同解除和终止的经济补偿

16. (2017年)根据劳动合同法律制度的规定，因下列情形解除劳动合同的，用人单位应向劳动者支付经济补偿的有( )。

A. 劳动者不能胜任工作，经过培训或者调整工作岗位，仍不能胜任工作的

B. 用人单位未按照劳动合同约定提供劳动保护或者劳动条件的

C. 劳动者同时与其他用人单位建立劳动关系，经用人单位提出，拒不改正的

D. 用人单位未及时足额支付劳动报酬的

本题考核点

劳动合同解除和终止的经济补偿

17. (2017年)根据劳动合同法律制度的规定，劳动合同解除或者终止的下列情形中，用人单位应向劳动者支付经济补偿的有( )。

A. 劳动者提前30日以书面形式通知无过错用人单位而解除劳动合同的

B. 劳动者提出并与无过错用人单位协商一致解除劳动合同的

C. 劳动者符合不需事先告知用人单位即可解除劳动合同的情形解除劳动合同的

D. 以完成一定工作任务为期限的劳动合同因任务完成而

终止的

18. (2017年)下列劳务派遣用工形式中，不符合法律规定的有( )。

    A. 丙劳务派遣公司以非全日制用工形式招用被派遣劳动者
    B. 乙公司将使用的被派遣劳动者又派遣到其他公司工作
    C. 丁公司使用的被派遣劳动者数量达到其用工总量的5%
    D. 甲公司设立劳务派遣公司向其所属分公司派遣劳动者

    > 本题考核点
    > 劳务派遣

19. (2017年)关于一般经济纠纷仲裁和劳动仲裁共同点的下列表述中，正确的有( )。

    A. 仲裁庭仲裁案件均适用回避制度
    B. 当事人均须在事先或事后达成仲裁协议，仲裁委员会方可受理
    C. 仲裁委员会均不按行政区划层层设立
    D. 当事人对仲裁裁决不服，均可向人民法院起诉

    > 本题考核点
    > 劳动争议的解决

20. (2017年)社会保险法律制度的规定，下列关于职工基本养老保险待遇的表述中，正确的有( )。

    A. 参保职工未达到法定退休年龄时因病完全丧失劳动能力的，可以领取病残津贴
    B. 参保职工死亡后，其个人账户中的余额可以全部依法继承
    C. 参保职工达到法定退休年龄时累计缴费满15年，按月领取基本养老金
    D. 参保职工死亡同时符合领取基本养老保险丧葬补助金、工伤保险丧葬补助金和失业保险丧葬补助金条件的，其遗属可以同时领取

    > 本题考核点
    > 基本养老保险待遇

21. (2017年)根据社会保险法律制度的规定，下列关于职工基本养老保险待遇的表述中，正确的有( )。

    A. 对符合基本养老保险享受条件的人员，国家按月支付基本养老金
    B. 参保职工因病死亡的，其遗属可以领取丧葬补助金
    C. 参保职工非因工死亡的，其遗属可以领取抚恤金
    D. 参保职工在未达到法定退休年龄时因病致残而完全丧失劳动能力的，可以领取病残津贴

    > 本题考核点
    > 基本养老保险待遇

本题考核点
失业保险待遇

22. (2017年)下列失业人员中,应停止领取失业保险金并同时停止享受其他失业保险待遇的有( )。

A. 重新就业的孙某

B. 移居境外的杜某

C. 已享受基本养老保险待遇的陈某

D. 应征服兵役的贾某

本题考核点
试用期

23. (2015年)根据劳动合同法律制度的规定,下列关于试用期的表述正确的有( )。

A. 丙公司与白某订立无固定期限劳动合同,约定试用期4个月

B. 甲公司与陆某订立以完成一定工作任务为期限的劳动合同,试用期为1个月

C. 丁公司约定李某从事非全日制用工,约定试用期为半个月

D. 乙公司与赵某订立1年期劳动合同,约定试用期为2个月

本题考核点
劳动合同的解除

24. (2015年)根据劳动合同法律制度的规定,劳动者单方面解除劳动合同的下列情形中,不能获得经济补偿的有( )。

A. 劳动者因用人单位未按照劳动合同约定提供劳动保护解除劳动合同的

B. 劳动者提前30日以书面形式通知用人单位解除劳动合同的

C. 劳动者因用人单位未及时足额支付劳动报酬而解除劳动合同的

D. 劳动者在试用期间提前3日通知用人单位解除劳动合同的

本题考核点
基本养老保险

25. (2015年)根据社会保险法律制度的规定,关于基本养老保险制度的表述中,正确的有( )。

A. 职工基本养老保险实行社会统筹和个人账户相结合

B. 城镇个体工商户和灵活就业人员的缴费基数为当地上年度在岗职工平均工资

C. 职工基本养老保险基金由用人单位和个人缴费以及政府补贴等组成

D. 个人缴纳的基本养老保险应计入个人所得税的应税收入

26. (2015年)根据社会保险法律制度的规定,下列行为视同工伤的有( )。
   A. 工作期间在岗位突发疾病死亡的
   B. 因工外出期间,由于工作原因受伤的
   C. 在上班途中,由于非本人责任受到的交通事故伤害
   D. 在抢险救灾等维护国家利益、公共利益活动中受伤的

三、判断题

1. (2019年)试用期期间,劳动者提前三天说明,即可解除劳动合同。 ( )
2. (2019年)用人单位终止非全日制用工,应向劳动者支付经济补偿。 ( )
3. (2019年)用人单位对已经解除或者终止的劳动合同文本,至少保存2年备查。 ( )
4. (2019年)参加基本养老保险的个人,在未到法定退休年龄时因病或者非因工致残完全丧失劳动能力的,可以领取病残津贴。 ( )
5. (2019年)用人单位违章指挥,强令冒险作业危及劳动者人身安全,劳动者可以立即解除劳动合同,无需通知用人单位。 ( )
6. (2018年)用人单位设立的分支机构,依法取得营业执照或者登记证书的,可以作为用人单位与劳动者订立劳动合同。 ( )
7. (2018年)解除劳动合同的经济补偿应当由用人单位和劳动者在劳动合同中约定。 ( )
8. (2018年)用人单位与劳动者约定的支付工资日期,如遇节假日或休息日,则应该延迟至最近的工作日。 ( )
9. (2018年)劳务派遣用工形式中,用工单位应当与被派遣劳动者签订劳动合同。 ( )
10. (2018年)申请人申请劳动仲裁,应支付劳动仲裁费。 ( )
11. (2018年)用人单位对劳动争议终局裁决不服的,可以自收到仲裁裁决书之日起15日内向人民法院提起诉讼。 ( )
12. (2018年)参加职工基本养老保险的个人,达到法定退休年龄时累计缴费10年的,按月领取基本养老金。 ( )

判断题考核点
13. 劳动报酬
14. 医疗保险中的医疗期
15. 工伤保险
16. 违反劳动合同法律制度的责任承担
17. 医疗保险中的医疗期
18. 劳务派遣
19. 劳动合同的订立

13. (2017年)集体合同中双方约定的劳动报酬和劳动条件等标准可以低于当地人民政府规定的最低标准。（　）

14. (2017年)职工非因工负伤享受医疗期待遇的，公休，假日和法定节日不包括在病休期间。（　）

15. (2017年)职工参加工伤保险的，由用人单位和劳动者共同缴纳工伤保险费。（　）

16. (2017年)用人单位未按时足额缴纳社会保险费的，由社会保险费征收机构责令限期缴纳或者补足，并自欠缴之日起按日加收滞纳金。（　）

17. (2015年)医疗期是指因工受伤的休假期。（　）

18. (2015年)劳务派遣单位与被派遣劳动者订立两年以上的固定期限劳动合同。（　）

19. (2015年)用人单位自用工之日起满1年不与劳动者订立书面劳动合同的，视为用人单位自用工之日起满1年的当日已经与劳动者订立无固定期限劳动合同。（　）

四、不定项选择题

本题考核点
试用期、解除劳动合同、劳动争议

1. (2019年)2017年7月31日，甲公司录用周某担任出纳，双方口头约定了2年期劳动合同，约定周某试用期2个月，月工资3500元，公司在试用期间可随时解除合同；试用期满考核合格，月工资提高至4000元，如考核不合格，再延长试用期1个月。2017年9月15日，双方签订了书面劳动合同。2017年9月30日，因未通过公司考核，周某试用期延长1个月。

因甲公司连续2个月无故拖欠劳动报酬，2018年6月1日，周某单方面解除了劳动合同并向当地劳动争议仲裁机构申请仲裁，该机构作出终局裁决。

已知：甲公司实行标准工时制，当地月最低工资标准为2000元。

要求：根据上述资料，不考虑其他因素，分析回答下列小题。

(1)甲公司与周某对试用期的下列约定中，符合法律规定的是(　)。

A. 试用期满周某考核不合格，再延长1个月试用期

B. 试用期2个月

C. 试用期内甲公司可随时解除劳动合同

D. 试用期月工资 3500 元

(2)因甲公司无故拖欠劳动报酬,周某单方面解除劳动合同采取的方式正确的是( )。

A. 应提前 30 日书面通知甲公司而解除

B. 可随时通知甲公司而解除

C. 不需通知甲公司即可解除

D. 应提前 3 日通知甲公司而解除

(3)周某申请劳动仲裁要求甲公司支付的下列各项中,符合法律规定的是( )。

A. 拖欠的劳动报酬

B. 解除劳动合同的经济补偿金

C. 试用期赔偿金

D. 未及时签订书面劳动合同的 2 倍工资

(4)对劳动争议终局裁决的下列表述中,正确的是( )。

A. 对该终局裁决不服,周某有权提起诉讼

B. 对该终局裁决不服,甲公司和周某均不得提起诉讼

C. 对该终局裁决自作出之日起生效

D. 对该终局裁决不服,甲公司有权提起诉讼

2. (2019 年、2018 年)2015 年 1 月 4 日,甲公司初次录用张某并安排其担任车间操作工,月工资 5000 元,双方签订了 5 年期劳动合同。

2018 年 1 月 5 日,张某在工作中突发心脏病入院治疗,一个半月后出院上班。住院治疗期间,公司按月向张某支付工资。

2018 年 10 月 10 日,张某在下班后做收尾性工作时,被车间坠物砸伤腿部致残并被确认部分丧失劳动能力,住院治疗 2 个月后出院。因张某腿部伤残不能从事原工作,甲公司欲解除双方的劳动合同。

已知:张某实际工作年限 8 年,甲公司已为其办理社会保险,甲公司所在地月最低工资标准为 1800 元。

要求:根据上述资料,不考虑其他因素,分析回答下列小题。

(1)张某在工作中突发心脏病入院治疗法律后果的下列表述中,正确的是( )。

本题考核点

工伤、病假工资、解除劳动合同

A. 张某在工作中突发心脏病应视同工伤
B. 张某可享受3个月的医疗期待遇
C. 张某在工作中突发心脏病不应认定为工伤
D. 张某应享受停工留薪期待遇

(2)张某突发心脏病住院期间，甲公司按月向其支付的工资不得低于( )。

A. 1800元　　　　　　B. 4000元
C. 1440元　　　　　　D. 5000元

(3)张某下班后做收尾性工作被车间坠落物砸伤法律后果的下列表述中，正确的是( )。

A. 张某受伤住院期间的工资福利待遇保持不变
B. 张某受伤住院期间的工资福利待遇，由甲公司按月支付
C. 张某受伤应认定为工伤
D. 张某受伤是在下班之后，不应认定为正伤

(4)甲公司解除劳动合同的下列表述中，正确的是( )。

A. 甲公司可提前30日以书面形式通知张某解除劳动合同
B. 甲公司可额外支付张某1个月工资后解除劳动合同
C. 甲公司不得单方面解除与张某的劳动合同
D. 甲公司无需提前通知张某即可解除劳动合同

本题考核点
劳务派遣

3. (2018年)甲公司为劳务派遣单位，2017年3月10日，钱某被甲公司招用，同日被派遣至乙公司工作6个月，期间钱某曾被乙公司派遣至丙公司(乙公司的子公司)工作15天，2017年9月钱某派遣期满，甲公司未为其安排工作。
要求：根据上述资料，不考虑其他因素，分析回答下列小题。

(1)下列关于甲公司与钱某之间法律关系的表述中，正确的是( )。

A. 甲公司应与钱某订立2年以上的固定期限劳动合同
B. 甲公司应为钱某向社会保险经办机构申请办理社会保险登记
C. 甲公司可以非全日制用工的形式招用钱某
D. 甲公司是用人单位

(2)下列关于乙公司与钱某之间法律关系的表述中，正确的是( )。

第八章 劳动合同与社会保险法律制度

A. 乙公司是用工单位
B. 钱某享有与乙公司劳动者同工同酬的权利
C. 乙公司可将钱某派遣至丙公司工作
D. 乙公司应与钱某签订6个月期限的劳动合同

(3)乙公司的下列工作岗位中,钱某可从事的是( )。

A. 主营业务岗位　　　　B. 辅助性岗位
C. 临时性岗位　　　　　D. 替代性岗位

(4)下列关于劳动合同期内钱某无工作期间报酬支付的表述中,正确的是( )。

A. 甲公司应按照钱某被派遣期间工资标准向其支付报酬
B. 甲公司无须向钱某支付报酬
C. 甲公司应按照其所在地上年度职工月平均工资标准向钱某支付报酬
D. 甲公司应按照其所在地人民政府规定的最低工作标准向钱某支付报酬

4. (2018年)2017年3月,甲劳务派遣公司与乙公司签订劳务派遣协议,将张某派遣到乙公司工作。

2017年7月,张某在乙公司的工作结束。此后甲、乙未给张某安排工作,也未向其支付任何报酬。

2017年9月,张某得知自2017年3月被派遣以来,甲、乙均未为其缴纳社会保险费,遂提出解除劳务合同。

要求:根据上述资料,不考虑其他因素,分析回答下列小题。

(1)下列各项中,属于甲劳务派遣公司和乙公司签订劳务派遣协议中应当约定的是( )。

A. 派遣岗位　　　　　　B. 派遣期限
C. 派遣人员数量　　　　D. 劳动报酬

(2)关于张某无工作期间报酬支付及标准的表述中正确的是( )。

A. 张某无权要求支付报酬
B. 乙公司应向其按月支付报酬
C. 张某报酬标准为支付单位所在地的最低工资标准
D. 甲公司应向其按月支付报酬

(3)关于张某解除劳动合同的方式中,正确的是( )。

本题考核点
劳务派遣、劳动报酬、劳动合同的解除和终止的经济补偿

A. 不需事先告知公司即可解除劳动合同

B. 可随时解除劳动合同

C. 应提前30日以书面形式提出方能解除劳动合同

D. 应提前30日通知公司方能解除劳动合同

(4)关于张某解除劳动合同的法律后果的表述中，正确的是(　)。

A. 张无权要求经济补偿

B. 甲公司应向张某支付经济补偿

C. 甲公司可要求张某支付违约金

D. 乙公司应向张某支付违约金

本题考核点

试用期、劳动合同的订立、劳动合同的解除和终止的经济补偿

5. (2017年)2016年4月1日，甲公司录用王某、邓某到公司工作并与2人口头约定，试用期为3个月，试用期月工资为2000元；试用期内被证明不符合录用条件的，公司可随时通知解除劳动合同且不支付经济补偿；试用期满订立1年期(试用期不计入合同期限)劳动合同，月工资提高至2500元。

2016年7月1日，试用期满，甲公司与王某订立了1年期劳动合同。同日，甲公司拟与邓某订立合同时，邓某拒绝签订劳动合同。

2016年12月王某因家庭原因欲解除与甲公司的劳动合同。

已知：甲公司所在地最低月工资标准为1800元。

要求：根据上述资料，不考虑其他因素，分析回答下列小题。

(1)甲公司与王某、邓某约定的下列试用期条款中，符合法律规定的是(　)。

A. 试用期不计入劳动合同期限

B. 试用期内被证明不符合录用条件的，公司可随时通知解除合同且不支付经济补偿

C. 劳动合同期期限1年，试用期3个月

D. 月工资2500元，试用期月工资2000元

(2)关于试用期已履行及甲公司与王某订立书面劳动合同法律后果的下列表述中正确的是(　)。

A. 甲公司应向王某支付2500元的试用期赔偿金

B. 自订立书面劳动合同时起，甲公司与王某开始劳动关系

C. 甲公司不得再与王某约定试用期

D. 甲公司应向王某支付自 2016 年 5 月 1 日起至 6 月 30 日止的 2 倍工资

(3)关于邓某拒绝与甲公司订立书面劳动合同法律后果的下列表述中,正确的是( )。

A. 甲公司应向邓某支付经济补偿

B. 甲公司应书面通知邓某终止劳动合同

C. 甲公司应继续履行与邓某的口头合同

D. 视为甲公司已与邓某订立了无固定期限劳动合同

(4)王某应提前一定期限以书面形式通知甲公司方可解除劳动合同,该期限为( )。

A. 10 日 B. 3 日
C. 30 日 D. 15 日

6. (2016 年)2015 年 1 月,甲公司与乙公司签订劳务派遣协议,派遣刘某到乙公司从事临时性工作。2015 年 5 月,临时性工作结束,两公司未再给刘某安排工作,也未再向其支付任何报酬。2015 年 7 月,刘某得知自 2015 年 1 月被派遣以来,两公司均未为其缴纳社会保险费,遂提出解除劳动合同。

要求:根据上述资料,不考虑其他因素,分析回答下列小题。

(1)关于刘某建立劳动关系的下列表述中,正确的是( )。

A. 刘某与乙公司建立劳动关系

B. 刘某与甲公司建立劳动关系

C. 刘某与甲公司、乙公司均未建立劳动关系

D. 刘某与甲公司、乙公司均建立劳动关系

(2)刘某无工作期间报酬享受的下列表述中,正确的是( )。

A. 刘某不享受报酬

B. 乙公司应按月向其支付报酬

C. 刘某享受报酬的标准为支付单位所在的最低工资标准

D. 甲公司应按月向其支付报酬

(3)刘某解除劳动合同应采取的方式是( )。

A. 无须事先告知公司即可解除

本题考核点

劳动关系、劳动合同的解除和终止的经济补偿

B. 应提前 30 日通知公司解除
C. 可随时通知公司解除
D. 应提前 3 日通知公司解除

(4)该劳动合同解除时经济补偿金支付的下列表述中，说法正确的是(　　)。

A. 甲、乙两个公司均无须向刘某支付经济补偿金
B. 乙公司应向刘某支付经济补偿金
C. 甲公司应向刘某支付经济补偿金
D. 甲、乙两个公司应共同向刘某支付经济补偿金

第八章 劳动合同与社会保险法律制度

参考答案及详细解析

一、单项选择题

1. C 【解析】选项 ABD 属于可备条款。

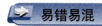 易错易混

劳动合同条款的种类和内容

类别	内容
必备条款	(1)用人单位名称、住所和法定代表人或主要负责人； (2)劳动者的姓名、住址和居民身份证或其他有效身份证件号码； (3)劳动合同期限； (4)工作内容和工作地点； (5)工作时间和休息休假； (6)劳动报酬； (7)社会保险； (8)劳动保护、劳动条件和职业危害防护
可备条款	(1)试用期； (2)服务期； (3)保守商业秘密和竞业限制

2. C 【解析】劳动合同仅约定试用期的，试用期不成立，该期限为劳动合同期限。
3. D 【解析】用人单位自用工之日起超过1个月不满1年未与劳动者订立书面劳动合同的，应当向劳动者每月支付2倍的工资，并与劳动者补订书面劳动合同；用人单位向劳动者每月支付2倍工资的起算时间为用工之日起满1个月的次日，截止时间为补订书面劳动合同的前一日。
4. D 【解析】达到法定退休年龄时累计缴费满15年，可按月领取基本养老金。
5. A 【解析】实际工作年限10年以下的，在本单位工作年限5年以下的医疗期为3个月。

医疗期

实际工作年限(年)	本单位工作年限(年)	享受医疗期（月）	累计计算期（月）
<10	<5	3	6
	≥5	6	12
≥10	<5	6	12
	5≤X<10	9	15
	10≤X<15	12	18
	15≤X<20	18	24
	≥20	24	30

6. C 【解析】因劳动者本人原因给用人单位造成经济损失的，用人单位可按照劳动合同的约定要求其赔偿经济损失。经济损失的赔偿，可从劳动者本人的工资中扣除。但每月扣除的部分不得超过劳动者当月工资的20%。若扣除后的剩余工资部分低于当地月最低工资标准，则按最低工资标准支付。

7. A 【解析】劳动者月工资高于用人单位所在地上年度职工月平均工资3倍的，向其支付经济补偿的标准按职工月平均工资3倍的数额支付，向其支付经济补偿的年限最高不超过12年。经济补偿＝4000×3×3＝36000（元）。

8. A 【解析】职工有下列情形之一时，不享受当年的年休假：①职工依法享受寒暑假，其休假天数多于年休假天数的；②职工请事假累计20天以上且单位按照规定不扣工资的；③累计工作满1年不满10年的职工，请病假累计2个月以上的；④累计工作满10年不满20年的职工，请病假累计3个月以上的；⑤累计工作满20年以上的职工，请病假累计4个月以上的。故选项A不享受当年的年休假。

9. C 【解析】职工累计工作已满1年不满10年的，年休假5天；已满10年不满20年的，年休假10天。罗某工作年限12年，可享受10天年休假，又知已休年休假3天，剩余天数为7天。

10. A 【解析】劳动合同期限3个月以上不满1年的，试用期不得超过1个月；劳动合同期限1年以上不满3年的，试用期不得超过2个月；3年以上固定期限和无固定期限的劳动合同，试用期不得超过6个月。

试用期

合同期限	试用期限	工资标准
以完成一定工作任务为期限	不得约定	不得低于本单位"相同岗位最低档工资或者劳动合同约定工资"的"80%",并不得低于用人单位所在地的"最低工资标准"
不满 3 个月	不得约定	
3 个月≤合同期限<1 年	≤1 个月	
1 年≤合同期限<3 年	≤2 个月	
合同期限≥3 年	≤6 个月	

11. A 【解析】劳动者不能胜任工作,经过培训或者调整工作岗位,仍不能胜任工作的,用人单位提前 30 日以书面形式通知劳动者本人(选项 D 正确)或者额外支付劳动者 1 个月工资后(选项 C 正确),可以解除劳动合同。用人单位还应当向劳动者支付经济补偿(选项 B 正确)。

12. B 【解析】选项 ACD 属于劳动者可随时通知解除劳动合同的情形。

易错易混

劳动者可单方面解除劳动合同的情形

解除类型	满足条件
"提前"通知解除	(1)劳动者在试用期内提前 3 日通知用人单位; (2)劳动者提前 30 日以书面形式通知用人单位 【提示】此种情况可理解为"辞职"
"随时"通知解除	(1)用人单位未按照劳动合同约定提供劳动保护或者劳动条件的; (2)用人单位未及时足额支付劳动报酬的; (3)用人单位未依法为劳动者缴纳社会保险费的; (4)用人单位的规章制度违反法律、法规的规定,损害劳动者权益的; (5)用人单位以欺诈、胁迫的手段或者乘人之危,使劳动者在违背真实意思的情况下订立或者变更劳动合同致使劳动合同无效的; (6)用人单位在劳动合同中免除自己的法定责任、排除劳动者权利的; (7)用人单位违反法律、行政法规强制性规定的

续表

解除类型	满足条件
"不需"事先告知即可解除	(1)用人单位以暴力、威胁或者非法限制人身自由的手段强迫劳动者劳动的； (2)用人单位违章指挥、强令冒险作业危及劳动者人身安全的

13. B 【解析】劳动争议申请仲裁的时效期间为1年。劳动关系存续期间因拖欠劳动报酬发生争议的，劳动者申请仲裁不受1年仲裁时效期间的限制；但是，劳动关系终止的，应当自劳动关系终止之日起1年内提出。

14. D 【解析】自劳动争议调解组织收到调解申请之日起15日内未达成调解协议的，当事人可以依法申请仲裁。选项D当选。

15. D 【解析】劳动者对劳动争议的终局裁决不服的，可以自收到仲裁裁决书之日起15日内向人民法院提起诉讼。

16. D 【解析】劳动争议仲裁应当提交书面仲裁申请，书写仲裁申请书确有困难的，可以口头申请，由仲裁委员会记入笔录，经申请人签名、盖章或者捺印确认，选项A错误；劳动争议申请仲裁的时效期间为1年，选项B错误；劳动争议仲裁不收费，仲裁委员会的经费由财政予以保障，选项C错误。

17. A 【解析】职工有下列情形之一的，视同工伤：(1)在工作时间和工作岗位，突发疾病死亡或者在48小时之内经抢救无效死亡的(选项A当选)；(2)在抢险救灾等维护国家利益、公共利益活动中受到伤害的；(3)职工原在军队服役，因战、因公负伤致残，已取得革命伤残军人证，到用人单位后旧伤复发的。选项BCD为应当认定为工伤的情形。

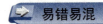

工伤的判定标准和内容

项目	内容
应当认定	(1)在工作时间和工作场所内，因工作原因受到事故伤害的； (2)工作时间前后在工作场所内，从事与工作有关的预备性或收尾性工作受到事故伤害的； (3)在工作时间和工作场所内，因履行工作职责受到暴力等意外伤害的； (4)患职业病的； (5)因工外出期间，由于工作原因受到伤害或者发生事故下落不明的； (6)在上下班途中，受到非本人主要责任的交通事故或者城市轨道交通、客运轮渡、火车事故伤害的

第八章 劳动合同与社会保险法律制度

续表

项目	内容
视同工伤	(1)在工作时间和工作岗位,突发疾病"死亡"或者在"48小时"内经抢救无效"死亡"的; (2)在抢险救灾等维护国家利益、公共利益活动中受到伤害的; (3)原在军队服役,因战、因公负伤致残,已取得革命伤残军人证,到用人单位后旧伤复发的
不认定工伤	(1)故意犯罪;(2)醉酒或者吸毒;(3)自残或者自杀

18. B 【解析】工伤保险,由用人单位缴纳工伤保险费,职工不缴纳工伤保险费。

19. D 【解析】参加工伤保险的职工因工死亡,其近亲属可以领取一次性工亡补助金,标准为上一年度全国城镇居民人均可支配收入的20倍。

20. B 【解析】用人单位依法安排劳动者在日标准工作时间以外延长工作时间的,按照不低于劳动合同规定的劳动者本人小时工资标准的150%支付劳动者加班工资。

加班工资支付标准

加班日	工资支付标准
工作日加班	≥150%
周末加班	≥200%(或补休)
法定休假日加班	≥300%

21. D 【解析】张某在甲公司工作6年零4个月,工作年限应为6.5年;甲公司应当向张某支付的经济补偿金=6.5×5000=32500(元)。

22. B 【解析】劳务派遣单位应当与被派遣劳动者订立2年以上的固定期限劳动合同,按月支付劳动报酬。选项B错误。

23. B 【解析】劳务派遣公司(甲公司)应当按月向劳动者(张某)支付劳动报酬。选项B错误。

24. B 【解析】职工个人按照本人缴费工资的8%缴费。本人月平均工资高于当地职工月工资300%的,按当地职工月平均工资的300%作为缴费基数。在本题中,孙某应当缴纳的基本养老保险费为4000×3×8%=960(元)。

25. D 【解析】选项D,职工应当参加工伤保险,由用人单位缴纳工伤保险费,职工不缴纳工伤保险费。

26. A 【解析】用人单位自用工之日起超过1个月不满1年未与劳动者订立书面劳动合同的,应当自用工之日起满1个月的次日起至补订书面劳动合同的前1日,向劳动者每月支付2倍的工资;在本题中,甲公司已按月足额发放正常工资,因此,还需向李某支付10月3日~12月2日的工资补偿3000×2=6000(元)。

27. A 【解析】累计缴费10年以上的,领取失业保险金的期限最长为24个月。

28. B 【解析】未及时订立书面劳动合同的工资补偿应该自2013年4月13日开始计算,到2014年2月11日,共计10个月,则除正常工资外,要支付10×2000=20000(元)的工资补偿。

29. D 【解析】李某实际工作年限为12年,其中在甲公司工作年限为4年。属于实际工作年限10年以上的,在本单位工作年限5年以下的,医疗期为6个月。

二、多项选择题

1. ACD 【解析】非全日制用工双方当事人任何一方都可以随时通知对方终止用工,选项A正确;非全日制用工双方当事人不得约定试用期,选项B错误;用人单位可以按小时、日或周为单位结算工资,但非全日制用工劳动报酬结算支付周期最长不得超过15日,选项C正确;非全日制用工双方当事人可以订立口头协议,选项D正确。

2. ABCD 【解析】四个选项均正确。

3. ABCD 【解析】失业人员在领取失业保险金期间有下列情形之一的,停止领取失业保险金,并同时停止享受其他失业保险待遇:(1)重新就业的;(2)应征服兵役的;(3)移居境外的;(4)享受基本养老保险待遇的;(5)被判刑收监执行的;(6)无正当理由,拒不接受当地人民政府指定部门或者机构介绍的适当工作或者提供的培训的。

4. ABD 【解析】工资的发放如遇节假日或休息日,则应提前在最近的工作日支付。选项C错误。

5. AD 【解析】全日制用工工资至少每月支付一次,实行周、日、小时工资制的可按周、日、小时支付工资,选项B错误。劳务派遣按月支付劳动报酬,选项C错误。

6. ABD 【解析】劳动合同期限3个月以上不满1年的,试用期不得超过1个月,选项D正确;劳动合同期限1年以上不满3年的,试用期不得超过2个月,选项B正确,选项C错误;3年以上固定期限和无固定期限的劳动合同,试用期不得超过6个月,选项A正确。

7. ABD 【解析】选项C属于劳动者无过失性辞退,需要支付经济补偿。

8. ACD 【解析】选项B,用人单位无需支付经济补偿。除用人单位维持或者提高劳动合同约定条件续订劳动合同,劳动者不同意续订的情形外,劳动合同期满终止

第八章 劳动合同与社会保险法律制度

固定期限劳动合同的，用人单位应当向劳动者支付经济补偿。

9. ABCD 【解析】劳动者违反服务期约定、违反竞业限制约定的，应当按照约定向用人单位支付违约金。

10. ABD 【解析】选项 C，非全日制用工双方当事人不得约定试用期。

11. ABCD 【解析】四个选项均正确。

12. BCD 【解析】在部分公民放假的节日期间(妇女节)，对参加社会活动或单位组织庆祝活动和照常工作的职工，单位应支付"工资报酬"，但不支付"加班工资"。选项 A 错误。

13. ABD 【解析】选项 C，服务期属于劳动合同可备条款。

14. ABD 【解析】选项 C，劳动合同期限不满 3 个月的，不得约定试用期。

15. BD 【解析】选项 A，违约金是劳动者违反服务期和竞业限制的约定向用人单位支付的违约补偿；选项 C，责令用人单位按照应付金额 50% 以上 100% 以下的标准向劳动者加付赔偿金。

16. ABD 【解析】选项 C，用人单位可以随时通知解除劳动合同，无需支付经济补偿。

17. CD 【解析】选项 AB，劳动者提出(提前 30 天或者协商一致)与"无过错"的用人单位解除劳动合同的，用人单位不需支付经济补偿金。

18. ABD 【解析】(1)选项 A：劳务派遣单位不得以"非全日制用工"形式招用被派遣劳动者；(2)选项 B：用工单位不得将被派遣劳动者再派遣到其他用人单位；(3)选项 C：用工单位使用的被派遣劳动者数量不得超过其用工总量的 10%；(4)选项 D：用人单位不得设立劳务派遣单位向本单位或者所属单位派遣劳动者。

19. AC 【解析】(1)选项 B，经济纠纷仲裁的当事人须在事先或事后达成仲裁协议，劳动仲裁没有此规定；(2)选项 D，经济纠纷仲裁实行一裁终局制度，对仲裁裁决不服的不得提起诉讼。

20. ABC 【解析】选项 D，个人死亡同时符合领取基本养老保险丧葬补助金、工伤保险丧葬补助金和失业保险丧葬补助金条件的，其遗属只能选择领取其中的一项。

21. ABCD 【解析】四个选项均正确。

22. ABCD 【解析】停止领取失业保险金及其他失业保险待遇的情形：(1)重新就业的(选项 A)；(2)应征服兵役的(选项 D)；(3)移居境外的(选项 B)；(4)享受基本养老保险待遇的(选项 C)；(5)无正当理由，拒不接受当地人民政府指定部门或者机构介绍的适当工作或者提供的培训的。

23. AD 【解析】以完成一定工作任务为期限的劳动合同或者劳动合同期限不满 3 个

月的，不得约定试用期。选项 B 错误；非全日制用工双方当事人不得约定试用期，选项 C 错误。

24. BD 【解析】选项 AC 需依法支付经济补偿金。
25. ABC 【解析】选项 D，个人缴纳的基本养老保险属于个人所得税的免税项目。
26. AD 【解析】选项 B 和选项 C 属于应当认定为工伤的情形，不是视同工伤的情形。

三、判断题

1. √
2. × 【解析】非全日制用工双方当事人任何一方都可以随时通知对方终止用工。终止用工，用人单位不向劳动者支付经济补偿。
3. √
4. √
5. √ 【解析】该情形中，劳动者可以立即解除劳动合同，无需通知用人单位，用人单位应当支付经济补偿金。
6. √
7. × 【解析】经济补偿是法定事项，不需要在合同中约定。
8. × 【解析】工资必须在用人单位与劳动者约定的日期支付。如遇节假日或休息日，则应"提前"在最近的工作日支付，并非延迟。
9. × 【解析】劳务派遣是指由劳务派遣单位与被派遣劳动者订立劳动合同。
10. × 【解析】劳动争议仲裁不收费。仲裁委员会的经费由财政予以保障。
11. × 【解析】"劳动者"对劳动争议的终局裁决不服的，可以自收到仲裁裁决书之日起 15 日内向人民法院提起诉讼。用人单位有证据证明一裁终局的裁决有法定情形的，可以自收到仲裁裁决书之日起 30 日内向仲裁委员会所在地的中级人民法院申请撤销裁决。
12. × 【解析】参加职工基本养老保险的个人，达到法定退休年龄时累计缴费满 15 年的，按月领取基本养老金。
13. × 【解析】集体合同中劳动报酬和劳动条件等标准不得低于当地人民政府规定的最低标准。
14. × 【解析】病休期间，公休、假日和法定节日包括在内。
15. × 【解析】工伤保险费的缴纳。职工应当参加工伤保险，由用人单位缴纳工伤保险费，职工不缴纳工伤保险费。
16. √
17. × 【解析】医疗期是指企业职工因患病或非因工负伤停止工作，治病休息，但不得解除劳动合同的期限。

18. √　【解析】劳务派遣单位应当与被派遣劳动者订立 2 年以上的固定期限劳动合同,按月支付劳动报酬。
19. √　【解析】用人单位自用工之日起满 1 年未与劳动者订立书面劳动合同的,自用工之日起满 1 个月的次日至满 1 年的前一日应当向劳动者每月支付 2 倍的工资补偿,并视为自用工之日起满 1 年的当日已经与劳动者订立无固定期限劳动合同,应当立即与劳动者补订书面劳动合同。

四、不定项选择题

1. (1)BD；(2)B；(3)ABCD；(4)AC。

【解析】(1)劳动合同期限在 1 年以上 3 年以下的,试用期不得超过 2 个月,所以选项 A 错误,选项 B 正确；试用期内,除非劳动者有《劳动合同法》规定的可以解除劳动合同的情形外,用人单位不得解除劳动合同,选项 C 错误；劳动者在试用期的工资不得低于本单位相同岗位最低档工资或者劳动合同约定工资的 80%,并不得低于用人单位所在地的最低工资标准,本题中试用期的工资为 3500 元,转正后为 4000 元,超过了其 80%(即 3200 元),选项 D 正确。

(2)根据劳动合同法的规定,用人单位未及时足额支付劳动报酬的,劳动者可随时通知用人单位解除劳动合同,用人单位需向劳动者支付经济补偿,选项 B 正确。

(3)选项 AB,对追索劳动报酬、工伤医疗费、经济补偿或者赔偿金有争议的,适用劳动仲裁。选项 C,违法约定的试用期已经履行的,由用人单位以劳动者试用期满月工资为标准,按已经履行的超过法定试用期的期间向劳动者支付赔偿金；选项 D,用人单位自用工之日起超过 1 个月不满 1 年未与劳动者订立书面劳动合同的,应当向劳动者每月支付 2 倍的工资。

(4)劳动者对终局裁决不服的,可以自收到仲裁裁决书之日起十五日内向人民法院提起诉讼。下列劳动争议,除另有规定外,仲裁裁决为终局裁决,裁决书自作出之日起发生法律效力：①追索劳动报酬、工伤医疗费、经济补偿或者赔偿金,不超过当地月最低工资标准十二个月金额的争议；②因执行国家的劳动标准在工作时间、休息休假、社会保险等方面发生的争议。选项 AC 正确。

2. (1)BC；(2)C；(3)ABC；(4)C。

【解析】(1)选项 AC,在工作时间和工作岗位,突发疾病死亡或者在 48 小时内经抢救无效死亡的,视同工伤；突发心脏病入院治疗不属于视同工伤情形；选项 B,实际工作年限 10 年以下的,在本单位工作年限 5 年以下的医疗期为 3 个月；选项 D,停工留薪期属于工伤医疗待遇,张某不享受工伤医疗待遇。

(2)病假工资或疾病救济费可以低于当地最低工资标准支付,但最低不能低于最低工资标准的 80%。因此按月支付的工资不得低于 1800×80% =1440(元)。

(3)工作时间前后在工作场所内,从事与工作有关的预备性或收尾性工作受到事故伤害的应当认定为工伤,享受停工留薪期,原工资福利待遇不变,由所在单位按月支付。

(4)在本单位患职业病或者因工负伤并被确认丧失或者部分丧失劳动能力的,用人单位不得单方解除劳动合同,也不得终止劳动合同,劳动合同应当延续至相应的情形消失时终止。

3. (1)ABD;(2)AB;(3)BCD;(4)D。

【解析】(1)选项 A,劳务派遣单位应当与被派遣劳动者订立 2 年以上的固定期限劳动合同;选项 B,用人单位应为劳动者办理社保登记;选项 C,劳务派遣单位不得以非全日制用工形式招用被派遣劳动者;选项 D,劳务派遣单位是用人单位。

(2)选项 A,接受以劳务派遣形式用工的单位是用工单位;选项 B,被派遣劳动者享有与用工单位的劳动者同工同酬的权利;选项 C,用工单位不得将被派遣劳动者再派遣到其他用人单位;选项 D,用人单位与劳动者签订劳动合同,无需与用工单位签订劳动合同。

(3)劳务派遣用工是补充形式,只能在临时性、辅助性或者替代性的工作岗位上实施。选项 A 错误。

(4)被派遣劳动者在无工作期间,劳务派遣单位应当按照所在地人民政府规定的最低工资标准,向其按月支付报酬。

4. (1)ABCD;(2)CD;(3)B;(4)B。

【解析】(1)劳务派遣协议应当约定派遣岗位和人员数量、派遣期限、劳动报酬和社会保险费的数额与支付方式以及违反协议的责任。

(2)被派遣劳动者在无工作期间,劳务派遣单位应当按照所在地人民政府规定的最低工资标准,向其按月支付报酬。

(3)用人单位未依法为劳动者缴纳社会保险费的,劳动者可随时通知用人单位解除劳动合同。用人单位需向劳动者支付经济补偿。

(4)用人单位未依法为劳动者缴纳社会保险费的,劳动者可随时通知用人单位解除劳动合同。用人单位需向劳动者支付经济补偿。

5. (1)BD;(2)CD;(3)AB;(4)C。

【解析】(1)试用期包含在劳动合同期限内,选项 A 错误;劳动者在试用期间被证明不符合录用条件的,用人单位可随时通知劳动者解除劳动关系,不需向劳动者支付经济补偿,选项 B 正确;劳动合同期限 1 年以上不满 3 年的,试用期不得超过 2 个月,选项 C 错误;劳动者在试用期的工资不得低于本单位相同岗位最低档工资或者劳动合同约定工资的 80%,并不得低于用人单位所在地的最低工资标准,劳动者月工资 2500,试用期工资 2000 符合规定,选项 D 正确。

(2)用人单位自用工之日起即与劳动者建立劳动关系,选项 B 错误;同一用人单位与同一劳动者只能约定一次试用期,选项 C 正确;用人单位自用工之日起超过 1 个月不满 1 年未与劳动者订立书面劳动合同的,应当向劳动者每月支付 2 倍的工资,并与劳动者补订书面劳动合同,选项 A 错误、选项 D 正确。

(3)用人单位自用工之日起超过 1 个月不满 1 年未与劳动者订立书面劳动合同的,应当向劳动者每月支付 2 倍的工资,并与劳动者补订书面劳动合同;劳动者不与用人单位订立书面劳动合同的,用人单位应当书面通知劳动者终止劳动关系,并支付经济补偿。

(4)劳动者提前 30 日以书面形式通知用人单位可解除劳动合同,试用期内,提前 3 日通知即可。

6. (1)B;(2)CD;(3)C;(4)C。

【解析】(1)在劳务派遣关系中,劳动关系存在于劳务派遣单位与被派遣劳动者之间。被派遣劳动者不与用工单位发生劳动关系。

(2)被派遣劳动者在无工作期间,劳务派遣单位应当按照所在地政府规定的最低工资标准,向其按月支付报酬。

(3)因为单位未为其缴纳社会保险费,这属于劳动者可随时通知解除劳动合同的情形。

(4)用人单位未依法为劳动者缴纳社会保险费,劳动者随时通知用人单位解除劳动合同后,用人单位应当向劳动者支付经济补偿。

扫一扫　初级全知道

快扫一扫吧

致亲爱的读者

"梦想成真"系列辅导丛书自出版以来,以严谨细致的专业内容和清晰简洁的编撰风格受到了广大读者的一致好评,但因水平和时间有限,书中难免会存在一些疏漏和错误。读者如有发现本书不足,可扫描"扫我来纠错"二维码上传纠错信息,审核后每处错误奖励10元购课代金券。(多人反馈同一错误,只奖励首位反馈者。请关注"中华会计网校"微信公众号接收奖励通知。)

在此,诚恳地希望各位学员不吝批评指正,帮助我们不断提高完善。

邮箱:mxcc@cdeledu.com

微博:@正保文化